AF269814

Roberto Calasso (Florencia, 1941 - Milán, 2021) fue presidente y director literario de Adelphi, una de las editoriales de mayor prestigio internacional. En Anagrama publicó *La ruina de Kasch, Las bodas de Cadmo y Harmonía, Los cuarenta y nueve escalones, Ka, La literatura y los dioses, K., Cien cartas a un desconocido, El rosa Tiepolo, La Folie Baudelaire, El ardor, La marca del editor, El Cazador Celeste, La actualidad innombrable, Memè Scianca* y *El libro de todos los libros.*

Cómo ordenar una biblioteca

¿Qué criterio presupone el ordenamiento y la disposición de los libros? Según Calasso, quien intenta ordenar su biblioteca debe reconocer y transformar el mapa mental de sus preferencias y pasiones, enfrentándose a sorpresas y sin esperar soluciones claras. Lejos de decretar un método de clasificación bibliográfica, el autor ofrece una visión íntima y personal de la bibliofilia. Erudito y fascinante, *Cómo ordenar una biblioteca* es una lección no solo sobre cómo ordenar, sino sobre cómo editar, escribir, comprar, vender y, sobre todo, leer los libros.

Cómo ordenar una biblioteca

Roberto Calasso

Cómo ordenar una biblioteca

Traducción
Edgardo Dobry

editorial anagrama

Título de la edición original:
Come ordinare una biblioteca
© Adelphi Edizioni
   Milán, 2020

Primera edición: febrero 2021
Segunda edición: septiembre 2021
Tercera edición: febrero 2023
Cuarta edición: mayo 2025

Diseño de la colección: lookatcia.com

© De la traducción, Edgardo Dobry, 2021

© EDITORIAL ANAGRAMA, S. A. U., 2021
   Pau Claris, 172
   08037 Barcelona

ISBN: 978-84-339-1646-4
Depósito legal: B. 21739-2020

Printed in Spain

Liberdúplex, S. L. U., ctra. BV 2249, km 7,4 - Polígono Torrentfondo
08791 Sant Llorenç d'Hortons

1. Cómo ordenar una biblioteca

¿Cómo ordenar la propia biblioteca? Es un tema altamente metafísico. Me sorprende que Kant no le haya dedicado un breve tratado. De hecho, ofrece una buena ocasión para indagar en la cuestión capital: ¿qué es el orden? El orden perfecto es imposible, sencillamente porque existe la entropía. Pero sin orden no se puede vivir. Con los libros, como con todo lo demás, es necesario encontrar un término medio entre esas dos afirmaciones.

En lo que se refiere a los libros, el mejor orden no puede sino ser plural, al menos tanto como lo sea la persona que usa esos libros. Debe ser, además, sincrónico y diacrónico a la vez: geológico (por estratos sucesivos), histórico (por fases y caprichos), funcional (en relación con el uso cotidiano en un momento determinado), técnico (alfabético, lingüístico, temático). Está claro que la yuxtaposición de estos criterios tiende a crear un orden por parches, muy cercano al caos. Lo cual puede suscitar, según el momento, alivio o incomodidad. La única regla áurea es la del *buen vecino,* formulada y aplicada por Aby Warburg, según la cual en la biblioteca perfecta, cuando se busca un determinado libro, se termina por tomar el que está al lado, que se revelará aún más útil que el que buscábamos. He experimentado personalmente la verdad de esta regla durante mi estancia en Londres, hacia mediados de los años sesenta, para escribir mi tesis sobre *Los jeroglíficos de Sir Thomas Browne.* Dividía mis días entre el British Museum (todavía en la admirable Sala Panizzi, ya inexistente) y el Warburg Institute, a unos diez minutos de distancia. En el Warburg, donde cada lector puede tomar por sí mismo los libros que necesita, no pocas veces me encontré descubriendo esos *buenos vecinos.*

Si existió alguien en el siglo XX para quien la cuestión del orden de los libros resultó esencial, e incluso obsesiva, ese fue Aby Warburg.

En la magnífica sala elíptica de la Kulturwissenschaftliche Bibliothek Warburg de Hamburgo, inaugurada en 1926, cuando la biblioteca era todavía una institución privada, el orden de los libros seguía un criterio sorprendente, cuya fórmula puede ser aforísticamente definida como un intento de reproducir en el espacio la trama del pensamiento del propio Warburg. Este, en una carta a las autoridades de Hamburgo para defender la necesidad de que Ernst Cassirer permaneciera en la ciudad, formuló de modo magistral, en su estilo particular, el carácter de la biblioteca, que debía ser «un nuevo y único lugar psíquico, en el cual las aspiraciones de Cassirer y de la Universidad de Hamburgo tienen una función común: concebir y mostrar las formaciones de imágenes y el orden conceptual en un sentido psicológico-histórico como una oscilación intrínsecamente unitaria entre los dos polos». Solo Aby Warburg podía expresarse de este modo en un documento oficial.

Sin duda Cassirer percibió enseguida lo que significaba esa biblioteca como «lugar psíquico», y dio testimonio a su esposa, Toni: «Después de la primera visita [a la biblioteca], Ernst volvió a casa en un estado de excitación inusual en él y me contó que esa biblioteca era algo único y grandioso, y que el doctor Saxl, que se la había mostrado, daba la impresión de ser un hombre extremadamente singular.» Cassirer le contó también cómo, «después de haber sido guiado a través de las largas estanterías, le había dicho que nunca volvería, porque seguramente se habría perdido en ese laberinto». Obviamente sucedió lo contrario y Cassirer se convirtió, junto con Erwin Panofsky y Edgar Wind, en uno de los habituales del Instituto, además de uno de los primeros autores de sus publicaciones.

A partir de un determinado año, decidí que casi todos los libros que me rodean estuvieran cubiertos con esa especie de papel de seda que se llama *pergamino* y que todavía hoy es usado por los libreros anticuarios de Francia, donde la mayor parte de los libros son de tapa blanda y por tanto la utilidad del pergamino es más evidente (en los países anglosajones se usan en cambio sobrecubiertas de plástico).

Me han preguntado en varias ocasiones por qué lo hago. El motivo oficial es que el pergamino protege la portada del envejecimiento. Sin embargo, no es ese el punto decisivo, que resulta, en cambio, difícilmente confesable: el pergamino sirve para complicarse la vida con los libros. Su verdadera razón es la de hacer menos legible –o incluso ilegible– lo que está escrito en el lomo. El pergamino hace que sea mucho menos reconocible. Cosa que alivia a quien vive en medio de ellos… y no quiere verse obligado a percibir en todo momento la presencia inminente de un cierto libro. En cambio, prefiere encontrarlo casi al tacto, delicadamente momificado.

Existe un motivo ulterior, aún menos confesable. El pergamino hace mucho más difícil, para el visitante ocasional, detectar los títulos de los libros. Esto frena todo exceso de intimidad. Impide esa incómoda situación en que, al entrar en una habitación, se reconoce rápidamente, incluso solo por el color y la tipografía de los lomos, de qué está hecho el paisaje mental del dueño de casa. Nada más desolador que ciertas entrevistas televisivas con políticos o sindicalistas italianos, grabadas en sus despachos. Son actas de congresos, informes, homenajes, guías, anuarios, quizás la poesía de algún pariente. Nada que esté destinado a ser leído. Y con sobradas razones.

El concepto de colección pertenece a las altas especulaciones editoriales, y en cuanto tal es ignorado por muchos editores, sobre todo en Inglaterra y Estados Unidos, igual que algunos filósofos consideran que la gracia no es una cuestión de su competencia. El resultado es que las editoriales tienden a volverse secuencias de *one shot,* es decir de libros que solo tienen en común el reconocible estilo de cada *art director* que haya diseñado su aspecto exterior. El editor puede no aparecer en la portada del libro. Solamente en el lomo se encuentran, al menos, sus iniciales y su marca. Bendita discreción. Sin embargo, en algunos de los grandes países de la edición, como Alemania o Francia, el concepto de colección no ha dejado de existir. En Italia floreció con fuerza a principios de los años treinta y en la posguerra. Cuando, en esa época ya remota, se entraba en ciertas casas en cuya biblioteca destacaba una compacta serie de lomos rojos, se comprendía enseguida que se trataba de Ensayos Einaudi. De lo que se deducía sin esfuerzo que los habitantes de esa casa pertenecían a la izquierda ilustrada –o, por lo menos, a una izquierda más ilustrada que las otras (por ejemplo, la francesa o la alemana)–. Esa izquierda ilustrada era asimismo estrecha de ideas, provista de poderosas anteojeras, incapaz de reconocer su propia subordinación al sistema soviético. Sin embargo, sentía la obligación de mantener, en la forma y en los temas de los libros, un cierto *nivel*. Era una aristocracia de izquierda, lo opuesto de aquello en lo que, desgraciadamente, iba a convertirse la izquierda.

Se puede comprender, entonces, por qué los libros permanecieron juntos en las estanterías. No solo porque su propietario recordaba qué títulos habían salido en esa colección –y de ese modo podía encontrarlos con facilidad–, sino además porque ese conjunto rojo tenía un sentido y un estilo. Si, en cambio, por aquellos mismos años, se encontraban en una biblioteca conjuntos de libros de la colección La Cultura, que Giacomo Debenedetti había dirigido en la editorial Il Saggiatore, el significado parecía ligera pero claramente distinto. El diseño gráfico y el efecto visual eran menos felices, pero el conjunto de esos libros testimoniaba, en quien los había comprado, un cierto rechazo de la ortodoxia einaudiana y una atracción por palabras inusitadas y seductoras como «fenomenología», «estructuralismo», «lingüística» (incluso «antropología» sonaba como palabra reciente). Recuerdo cierta época en la que se hubiera podido decir que todo giraba en torno al nombre de Edmund Husserl. Hoy esto puede sonar hasta cómico e ingenuo, pero caracteriza un momento particularmente feliz de la historia editorial en Italia. En cuanto a la ortodoxia einaudiana, hay que agregar que se trataba de una ortodoxia permanentemente enamorada de la heterodoxia. Porque sin bien –sin salir de los Ensayos– la ortodoxia era Lukács, la gloria de la colección fue haber publicado la primera traducción en el mundo de *Mínima moralia,* con un denso prefacio de Renato Solmi. Es verdad que, como Adorno advertiría más tarde, se habían expurgado del libro todas las referencias a la Unión Soviética, pero el mérito de la edición superaba en mucho a la torpe censura. El libro había aparecido –detalle no poco significativo– en la *colección* adecuada.

Resulta reconfortante ver en una misma estancia un cierto número de estantes ocupados por la Loeb Classical Library y por las Belles Lettres o por la colección Lorenzo Valla. Estos libros deben estar juntos porque quien está interesado en un clásico griego o latino es un lector potencial de todos los demás, así como quien posee un volumen de la *Patrología* de Migne (o, más probablemente, de las Sources Chrétiennes) pasará fácilmente a algunos de los otros. Lo mismo vale para los Sacred Books of the East, con sus lomos marrón oscuro en la reedición del sello indio Motilal Banarsidass, que se remonta al momento en que la Oxford University Press había renunciado a reimprimir esa gran colección de su catálogo histórico.

Todo esto, que parece obvio para los clásicos, es sin embargo el fundamento de toda colección, por excéntrica que sea. Se puede decir que una colección tiene una razón de ser si quien ha comprado uno de sus títulos es potencialmente un lector, también, de todos los demás. Pero, en la práctica, esto solo se aplica a un número de casos muy restringido. Puede valer para la Bibliothek Suhrkamp o para la Biblioteca Adelphi, pero resultaría inadecuado para Du Monde Entier de Gallimard, noble colección de narrativa extranjera en la que, sin embargo, las diferencias de calidad e interés entre un título y otro son demasiado pronunciadas como para imaginar un mismo lector que los abarcara. Podemos, por otra parte, tomar el caso de Panorama de narrativas de Anagrama, que significó un afortunado cambio en el gusto, una operación ampliamente anhelada de puesta al día y una prescripción precisa de dirección literaria, al punto de que un poderoso competidor llegó a definir la colección como «la peste amarilla». Lo cual se convirtió en un homenaje. Recuerdo los majestuosos quioscos de la Rambla en los que, junto a pilas de revistas no precisamente púdicas, se levantaban pilas de libros de Panorama de narrativas, que ofrecían una buena parte de lo mejor de la literatura mundial del momento (y perfectamente actualizada). Era una alegría para la vista. En cualquier caso, toda colección que tenga un perfil definido podrá unir todos los libros que la componen dentro de un conjunto que se mantiene a lo largo de los años, y que puede acrecentarse con cada título. El caso más elocuente es Der Jüngste Tag, la colección de Kurt Wolff en la que aparecieron libros de novatos que podían llamarse Franz Kafka o Robert Walser o Gottfried Benn o Georg Trakl. A más de un siglo de distancia, esos libros negros, delgados, con etiquetas similares a las de los cuadernos escolares, exigen todavía el *permanecer juntos*, para quien consiga encontrarlos.

El libro, como la cuchara, pertenece a esa clase de objetos que son inventados de una vez para siempre –en tiempos muy antiguos o quizás no tanto–. Capaces de innumerables variaciones, pero dentro de un mismo gesto: extraer una pequeña cantidad de líquido, para la cuchara; leer un texto, incluso largo, sosteniéndolo con las manos, hojeándolo y desplazando con facilidad la atención en su interior. El rollo era una aproximación evidentemente insuficiente e incómoda. Así, en el curso del siglo IV d. C. se produjo el paso del rollo al *codex,* que fue el primer libro auténtico, once siglos antes de Gutenberg. Paso que se cumplió sobre todo en ámbitos cristianos y jurídicos. En cuanto a la cuchara, era una de las principales «herramientas», *sambhārāḥ,* prescritas por la liturgia védica, y usada por tanto más de mil años antes de Cristo. Desde el principio se dividían en *sruva* (masculino, parecido al cucharón) y *sruc* (femenino, usado para «esa libación que es la raíz del sacrificio»). Son sutiles y variadas, en los Brāhmaṇa, las consideraciones sobre el uso y el significado de estas dos cucharas. Todos los discursos sobre una eventual sustitución del libro por otros medios ignoran un hecho elemental: nuestro repertorio de gestos es limitado. Los objetos son intentos más o menos felices de adaptarse a las características inevitables de estos gestos. Para quien quiera acostarse sobre algo menos duro que el suelo, una cama le será de ayuda. Aunque esta pueda variar mucho en su forma, como las cucharas y los libros.

Adolf Loos escribió el magnífico apólogo del *pobre rico,* que no se permite usar las propias pantuflas para no perturbar la perfección de su apartamento, tal como ha sido concebido por el insigne interiorista. Sin embargo, no son precisamente las pantuflas las que arruinan el idilio del *pobre rico*. Con mucha mayor frecuencia, son los libros. Cada pieza del mobiliario puede tener un origen impecable y los cuadros en las paredes pueden ser impresionantes, pero, cuando se pasa al papel impreso, predomina un engorroso carácter imprevisible. Aparte de algún *coffee-table book,* un escrupuloso secretario debe haberse encargado un día de dejar a la vista, sobre las mesitas de noche y en las habitaciones de invitados, los libros *de los que se habla*. Por lo general, esos libros no son los mejores y, sobre todo, dan la impresión de que, para quien los lee, la lectura es una actividad espo-

rádica –y no continua, como la respiración–.
Esa es la diferencia. El lector verdadero está
siempre leyendo un libro –o dos, o tres o diez–
y la novedad llega como una molestia –a veces
irritante, a veces agradable, a veces incluso de-
seada– en el seno de esa actividad ininterrum-
pida. Donde, no sin esfuerzo, deberá conquis-
tar un espacio, si no se cae antes de las manos
del lector. Este, entonces, volverá felizmente a
ese otro libro que estaba leyendo porque eso es
precisamente lo que tenía ganas de hacer.

Todo lector verdadero sigue un hilo, aunque también pueden ser cien hilos a la vez.
Cada vez que abre un libro retoma en sus manos ese hilo y lo complica, embrolla, desata,
anuda, prolonga. «Toda línea leída es prove-
chosa», dice el chino de un cuento de Hofmannsthal, a la espera de la pena capital, durante la
revuelta de los Bóxer. La forma en que la literatura se teje en el cerebro es una versión im-
palpable de esas redes neuronales que causan
la desesperación de los científicos. En el caso
del *C. elegans,* un gusano transparente de un
milímetro de longitud y provisto de 302 neuro-
nas, hizo falta el trabajo intenso, durante doce
años, de un equipo dirigido por Sydney Bren-

ner para trazar un diagrama de sus conexiones.

El verdadero lector se reconoce por el hecho de que siente en sí al menos una minúscula fracción del joven Pierre Bayle tal como lo describe Sainte-Beuve: «Lengua, filosofía, historia, antigüedad, geografía, libros galantes: se arroja sobre todo, a medida que estas materias se le ofrecen: "Por el motivo que sea, ningún amante voluble ha cambiado de amante con tanta frecuencia como yo cambio de libro."» Estas últimas palabras se encuentran en una carta de Bayle a su hermano, cuando tenía unos veinticinco años. Un día esas amantes iban a desfilar en el enorme *Dictionnaire historique et critique*.

Inevitable en algunas áreas, el orden alfabético resultaría letal si se aplicara a todas ellas. De ciertos libros –sobre los hongos, sobre las plantas en Cornualles, sobre famosas partidas de ajedrez y otros casos innumerables– se recuerda el asunto pero con frecuencia se olvida al autor. Insertarlo en un orden alfabético general equivaldría a perderlos de vista. Es mejor formar pequeñas islas de temas afines a los que estos libros se adherirán, como conchas a una roca. Existen los *atomes crochus* también entre los temas. Solo se trata de descubrirlos.

Es el momento de decir algunas palabras en defensa de la *lectura salvaje*. Y contra los que se dan aires de leer solo desde cierto nivel (alto) hacia arriba. Estirpe aburrida por demás. Recuerdo que Roberto Bazlen declaraba haber aprendido mucho de lo que llamaba los «libracos». Para él eran un asunto de primera importancia. Vivía en Roma, en la via Margutta, y desde su casa a la piazza di Fontanella Borghese, con sus puestos de libros, había un paseo de pocos minutos. Me dijo que había hecho allí no pocos descubrimientos. Después de todo, hasta que él le señaló a Montale que leyera a Svevo, este solo había publicado pagándose él mismo las ediciones. Y esos son precisamente los primeros libros que acaban en los puestos de segunda mando.

Los libracos abarcan de manera ecuánime todos los géneros: ocultismo, novelas, arqueología, mucho Egipto, pornografía, parapsicología, memorias, tarot, policiaco. Es inútil extender la lista: ningún género se niega, por principio, al libraco. Todos los libracos son, por principio, piezas raras. Difícilmente se encontrarán en los catálogos de anticuarios, ni siquiera de aquellos que venden a precios mínimos. En todo caso, pueden aparecer en las paradas de mercadillos. Las de Fontanella Borghese eran, en conjunto, más atractivas que las de otras ciudades de Italia, misérrimas en general. Ello era mérito de las órdenes religiosas, de las embajadas y de las instituciones extranjeras, sobre todo las de arqueología e historia del arte –y del hecho de que todos los caminos conducen a Roma, y también muchas bibliotecas–. Allí, todos los volúmenes que acaban de llegar, con cierta crudeza e indiferencia, se ponen en el mismo plano, como en un soneto de Belli o en el mostrador de un carnicero. Todos son peregrinos. Por eso en la piazza di Fontanella Borghese los libracos estaban felizmente dispuestos junto a volúmenes provenientes de las bibliotecas de ilustres estudiosos muertos en soledad o rodeados de herederos indocumentados. De todos modos, en Roma no podía arraigar el carácter meticuloso y la petulancia de los *bouquinistes* del Sena.

Recuerdo la trastienda de un vendedor de libros de segunda mano, en aquel barrio, en la via della Scrofa. Un día, ante mi insistencia, me dejó acceder a un escondrijo sofocante y mal iluminado en el que acumulaba los libros que consideraba invendibles porque estaban escritos en alemán. Allí me cayó entre las manos un número de 1908 de la revista *Sexual-Probleme.* Autor: Prof. Dr. Sigm. Freud (Wien). Título: *Über infantile Sexualtheorien* (es el ensayo que precede en pocos meses al caso del pequeño Hans). Sobre el título, la dedicatoria manuscrita: «A su querido Prof. Em. Loewy. Freud». (Em. Loewy era Emanuel Löwy, viejo amigo y coetáneo de Freud, profesor de arqueología en Viena y Roma. Para su octogésimo cumpleaños Freud recibió como regalo de Löwy un grabado de Durero. No sabía cómo corresponder y le escribió a su hijo Martin: «No tengo otra cosa que las *Gesammelte Schriften,* aunque él apenas pueda leer por culpa de su mala vista...»)

Creo que el librero ni siquiera me cobró ese número, agregándolo por unas pocas liras al libro junto al cual había permanecido: Wilhelm Fliess, *Der Ablauf des Lebens,* en su primera y única edición, de 1906. Dos alemanes menos, debe de haber pensado. En esa oscura trastienda Freud seguía estando junto al más amado de sus enemigos.

Los libracos pueden llegar a ser salvíficos. Cuando el Warburg Institute se encontraba en peligro de desaparecer, en 1944, la Universidad de Londres inició una investigación para comparar el catálogo del Instituto con el del British Museum; el resultado fue que cerca del 30 % de los títulos del Instituto no estaban en la biblioteca del Museo. Este fue uno de los principales argumentos para decidir la incorporación del Warburg a la Universidad de Londres, garantizando así su supervivencia. Los libros que faltaban en el British Museum eran en gran parte libracos, publicaciones de astrología, ciencias ocultas y otras de dudoso origen, que el propio Warburg había recogido ininterrumpidamente, desde el principio.

La primera edición de un libro no es una parte no secundaria de una obra. Es una ayuda para comprenderla. Ayuda física: táctil y, ante todo, visual. Insustituible. El bibliófilo que no se atreve siquiera a cortar las páginas de una primera edición para no dañar la integridad es lo contrario del verdadero lector. El fetichismo, para ser saludable, implica el uso, el contacto. Como escribió Kraus, «no hay ser más infeliz bajo el sol que el fetichista que anhela un zapato femenino y se ve obligado a contentarse con una mujer entera».

La verdad es que lo mejor sería leer todos los libros en su primera edición. No porque sean más singulares o valiosas, sino porque son el resultado de una combinación de elementos –impuestos al autor o sugeridos por este, o que sencillamente se dieron de ese modo– que se convierten en parte de la obra, como el sello del tiempo sobre las páginas. No es poca cosa. No creo que nadie, leyendo el primer libro de Kafka, *Betrachtung,* pueda imaginarse el modo en que apareció en la editorial Ernst Rowohlt, en 1913, pocos meses antes de que este rompiera su sociedad con Kurt Wolff, quien se llevaría consigo las copias que quedaban del libro. *Betrachtung* tenía un formato considerablemente largo (24,5 × 16,5), con grandes imágenes y un inusual cuerpo 16. Todo ello para un raro y breve libro de un desconocido, que contenía cuatro fragmentos de una obra en curso («Descripción de una batalla»), destinada a quedar inconclusa. La tirada fue de ochocientos ejemplares, de los cuales se habían vendido unos trescientos después de un año. Kafka observó que en André, una conocida librería de Praga, habían vendido once copias. Como diez de ellas las había adquirido él mismo, faltaba descubrir quién había comprado la undécima. Todo esto se le escaparía a quien hoy leyera *Betrachtung* en una de las numerosísimas ediciones de los cuentos de Kafka.

Un buen ejemplo de obra que solo se puede comprender si se la lee en su primera edición (o en una edición respetuosa de la primera concepción del autor) es el *Dictionnaire historique et critique* de Pierre Bayle. Para Sainte-Beuve, Bayle fue el fundador del «genio crítico, en todo lo que tiene de dinámico, libre y distinto» (y también, según él, antecedente del «periodista», ascendencia hoy ignorada o mal conocida). En primer lugar debe considerarse el aspecto físico de la obra: cuatro volúmenes infolio que suman un total de 3.263 páginas en la edición de Ámsterdam de 1730. Abrimos el *Dictionnaire* al azar: la página presenta tres niveles, de muy diversa importancia. Las entradas del diccionario pueden ocupar pocas líneas (algunas, solo dos) y se intuye que no son lo esencial. Las notas, en cambio, en dos columnas y en cuerpo menor, ocupan una gran parte de la página y se comportan como una patrulla de insurgentes que pretenden invadir la totalidad del territorio, que es la página misma. Por último, en los márgenes se leen las referencias bibliográficas. Enseguida se entiende que la esencia del *Dictionnaire,* sus comentarios maliciosos, su atrevimiento y sus motivos secretos se encuentran en las notas. Esa variedad tipográfica reduplica su insolencia y audacia, si se piensa que la obra pertenece a la época en que se atendía a la máxima *larvatus prodeo.* Escondiéndose en las notas, Bayle las expandía hasta la desmesura e invitaba al lector a seguirlo en ese enredo, interrumpiendo el texto de las entradas como si estas fueran un mero trámite. Para Sainte-Beuve, el *Dictionnaire* se parecía al pequeño burro que tira de un carro de feriantes y «que queda oculto por la multitud de los juegos y mercancías expuestas a los transeúntes: ese burro es el texto».

Todo esto, que resulta decisivo para comprender a Bayle, se pierde si se lee el *Dictionnaire* en un formato actual, en octavo, donde las notas se extienden a lo largo de páginas y páginas, y donde se vuelve imposible percibir la relación visual entre cada una de las entradas, las referencias a otros libros y las notas. En esa relación está el quid de la cuestión.

No siempre los *buenos vecinos* están juntos por afinidad natural. A veces se encuentran porque han sido expulsados de otro lado. Se trata de los libros demasiado grandes, que los estantes normales no consiguen alojar y que con frecuencia terminan en las zonas más inalcanzables, como apátridas en una sala de espera. Cada uno es un caso aparte –y podría justificar su formato anormal–. Todos esperan un salvoconducto que les permita acceder a lo que es el desiderátum de todo libro: ser usado.

Existen además casos extremos: en el mismo estante, por encima de los infolios, veo dos volúmenes: *Upanishads des Veda,* traducción de Paul Deussen de las primeras *Upaniṣad,* diseño gráfico de Peter Behrens, publicado por Eugen Diederichs en 1914; y *Also sprach Zarathustra* de Nietzsche, en la edición diseñada por Henry van de Velde, Insel, 1908. Dos ediciones que hoy serían inconcebibles, aunque solo sea por el magnífico papel utilizado y por la audacia del diseño gráfico. Es como si en Alemania, entre 1900 y 1914 –pero no en 1915– se hubiera intentado algo extremo, a sabiendas de que sería irrepetible. En este caso, para textos que, por muchas razones, pueden y deben estar uno junto a otro.

Conozco a un sagaz empresario de Nueva York que colecciona solo libros ingleses del siglo XVII. Cualquier obra, aunque sea de la máxima importancia, si se publicó en 1598 o en 1702 queda fuera de sus intereses. Tiene todos los libros en una habitación con estantes bastante bajos en las cuatro paredes: todos al alcance de la mano, sin necesidad de escalera. En el centro de la habitación, dos butacas y una mesilla de apoyo. Es un lugar en el que se respira la rareza y la maravilla del coleccionismo. Rareza en lo arbitrario de quien establece sus límites ahí donde no existen límites naturales. Maravilla por el sentimiento de completitud y de protección que ofrece aquello que está circunscrito a esos límites. Hay una adquisición de conocimiento en ese arbitrio. Aunque extravagantes en sus temas, esos libros comunican algo que es esencial e intangible: el tiempo. Si un libro de jardinería, un manual de pesca, un opúsculo teológico y una compilación de poesía se encuentran allí juntos, sus páginas parecen yuxtaponerse fácilmente y casi declarar un parentesco estrecho, similar al que se observa en los lomos de los libros particulares, tan afines en el color –y todos rigurosamente de la misma época.

«*Pour l'enfant, amoureux de cartes et d'estampes, / L'univers est égal à son vaste appétit»:* es memorable el íncipit del último poema de *Les Fleurs du mal*. Pero a los mapas y las láminas deben agregarse los catálogos de libros –todos los catálogos, desde los más habituales boletines de novedades de los editores a los de los libreros de segunda mano y de los anticuarios–. A veces escuálidos, a veces suntuosos, a veces excéntricos. En Ámsterdam hay un anticuario muy serio, especializado en filología clásica, que cada año imprime un catálogo dividido en dos partes, con algunos meses de distancia. La primera parte comprende invariablemente a los autores de la L a la Z. Para ver a los que van de la A a la K es necesario esperar. No sé cuál es el motivo de tal modo de obrar.

Un lector que no sea capaz de fantasear frente a un catálogo es un lector improbable. Mientras se deja pasar ante los ojos una serie de títulos y de nombres con frecuencia desconocidos, vinculados a ciertos números que indican fechas, formatos, páginas y precios, se está siempre al borde de algún descubrimiento de cualquier género. Es un ejercicio silencioso y tenaz, en el que cada paso se conecta con el anterior, recordando, comparando. Hay títulos que uno ha evitado durante años y años, viéndolos reaparecer cada tanto. Llega un día en que, sin una razón aparente, nos aventuramos a comprar el libro. Finalmente uno lo abre y descubre que es del todo distinto de lo que habíamos pensado. O bien se constata que es como si ya lo hubiéramos leído –y entonces las razones para evitarlo eran incuestionablemente sólidas.

Es esencial comprar libros que no vayan a ser leídos *enseguida*. Al cabo de uno o dos años, o acaso de cinco, diez, veinte, treinta, cuarenta años, llegará el momento en que se sentirá la necesidad de leer precisamente ese libro –y tal vez lo encontraremos en un estante poco frecuentado de la propia biblioteca–. Mientras tanto, puede suceder que ese libro se haya vuelto irrepetible, y difícil de encontrar incluso en un anticuario, porque es de escaso valor comercial (ciertos libros de bolsillo parecen disolverse rápidamente en el aire) o incluso porque se ha vuelto una rareza y entonces vale mucho más. Lo importante es que ahora se pueda leer *enseguida*. Sin más búsquedas, sin la necesidad de buscarlo en una biblioteca.

Operaciones laboriosas, que cancelan la inspiración del momento.

Qué extraña sensación cuando se abre ese libro. Por un lado, la sospecha de haber anticipado, sin saberlo, la propia vida, como si un demonio sabio y malicioso hubiese pensado: «Un día te ocuparás de los Bogomilos, aunque por ahora no sepas casi nada de ellos.» Por otra parte, un sentimiento de frustración, como si solo fuéramos capaces de reconocer aquello que tiene que ver con nosotros con gran retraso. Después nos damos cuenta de que esa doble sensación se aplica también a muchos otros momentos de nuestra vida. Valéry escribió una vez que «estamos hechos de dos momentos, y del *retraso* de una "cosa" sobre sí misma».

Hoy la informática ha reducido enormemente los tiempos de espera y de búsqueda de un libro. Es uno de los muchos ejemplos de la omnipotencia ilusoria creada por las máquinas. Pero esto no quita en absoluto el encanto de encontrarse entre las manos –inmediatamente– un libro de cuya necesidad no teníamos conciencia hasta un momento antes. El gesto decisivo es el de haber comprado algo, un día, pensando en que su uso era solo hipotético.

Existen además los libros molestos, aquellos que una biblioteca no debería acoger, sobre todo porque incomodan a sus vecinos de estante. Son la contrapartida de la regla del buen vecino. Cosa que se aplica rigurosamente, porque se sabe que basta el color de una fachada para arruinar un paisaje. Así como una editorial se funda sobre los *no,* mucho más numerosos que los *sí,* una biblioteca debería fundarse sobre amplias exclusiones. Para los autores del pasado, puede tratarse de ediciones superadas o defectuosas o repetidas. Hay, también, algunos escritores que pueden caer por pura falta de interés. Pero lo más peligroso son sobre todo los regalos de los contemporáneos, que por motivos diversos les llegan a escritores, editores, críticos y periodistas, a veces con inquietantes dedicatorias. Libros que, con frecuencia, se presentan como los *verdaderos,* pero no son nunca algo que se hubiera querido buscar. No es fácil deshacerse de ellos. Borges usaba a veces este procedimiento: salía con un paquete de libros debajo del brazo, se sentaba en un café o en una librería (su preferida era La Ciudad), tomaba algo o simplemente pasaba un rato mirando a su alrededor y después salía, dejando los libros sobre la mesa. Solo debía encontrar el momento en que no hubiera alguien lo suficientemente servicial como para restituirle el paquete olvidado.

Existe una regla de la que se puede deducir cuál podría ser una buena aproximación a la librería ideal, y la formularía de este modo: *la librería ideal es aquella en la que cada vez se compra al menos un libro, y con mucha frecuencia no aquel (o no solo aquel) que se pensaba comprar cuando entramos.*

Un ejemplo: la librería La Central de Barcelona. El lugar: un semisótano en una de las agradables calles que atraviesan el Paseo de Gracia. Es decir, en pleno centro. El local, según me contaron, era una fábrica de camisas. Ha sido reformado con gran discreción, sin imponerle la impronta de un diseñador de interiores. Mejor así. La iluminación *no se nota* (lo cual significa que es buena). La disposición de los libros es del todo normal: algunas mesas apenas se entra y otras más en un largo pasillo. Libros en la paredes, al alcance de la mano, en la primera sala. Estantes hasta el techo en el resto de los espacios. En la primera sala cuelgan algunas fotos de escritores; no obvias sino en formatos diversos. Recuerdo haber visto un retrato de Sebald, cuando sus libros no estaban todavía disponibles en castellano. Era una señal elocuente de que el autor se estaba volviendo uno de los más singulares descubrimientos internacionales de los últimos años. El librero se había dado cuenta antes que los editores.

El cliente empieza a mirar alrededor y nota enseguida una evidente rareza: sobre la misma mesa se han dispuesto libros en lenguas distintas. De un autor determinado tiene las traducciones al castellano pero también los textos originales, a veces con títulos todavía no traducidos. De un autor ruso no traducido todavía se pueden encontrar ediciones francesas o italianas, porque es más probable que el lector que lo busca sepa italiano o francés o inglés que ruso. Una fórmula difícil, que requiere una información impresionante –y también mucho trabajo con los editores y distribuidores extranjeros–. Recuerdo haber comprado en La Central algunos libros italianos que nunca había visto antes. Pero ¿acaso no debería ser así una auténtica librería europea?

En cuanto a los libreros: no vienen al encuentro del cliente. Simplemente porque ya tienen trabajo que hacer. Mueven libros, los buscan, despachan encargos, trabajan frente a un ordenador. Pero si el cliente busca algo están inmediatamente a su disposición. Se ve enseguida que saben dónde y cómo encontrar los libros. Poseen la principal virtud de un librero: la capacidad de orientarse (entre libros, estanterías, gustos de clientes, etc.).

Resultado final: el cliente descubre libros cuya existencia no sospechaba y libros que buscaba sin conseguir encontrarlos. Tiende a comprarlos, para no perder la ocasión. Se incrementa así la facturación de la librería; el librero está satisfecho. Obviamente no es todo tan idílico sino mucho más trabajoso y arriesgado. No sé si ese librero pensará que el suyo es un oficio o una profesión, pero –en todo caso– lo importante es que sea una pasión.

Lo dicho para La Central puede sonar, no sin razón, poco realista a muchos buenos libreros esparcidos por el mundo. Sin embargo, La Central existe y (acrobáticamente) prospera. Pero habitualmente el buen librero se enfrenta a problemas distintos. No se atreve a disponer juntos libros en varias lenguas, entre otras cosas porque el conocimiento de las lenguas parece decrecer entre los lectores a medida que el mundo se declara orgullosamente global. El primer problema del librero es cómo resistir la invasión diaria de nuevos títulos, que se abren un hueco entre los ya presentes y tienden a hacerlos desaparecer de una vez para siempre. Se impone, así, una obsesión permanente: cómo encontrar espacio para lo nuevo sin eliminar una parte considerable de lo ya existente. Una lucha dura por cada centímetro, de la que depende la suerte y la calidad de una librería.

Como la mayor parte de los problemas fundamentales, este tampoco tiene solución –o, por lo menos, no existen reglas que seguir–. Lo decisivo es la capacidad del librero para imaginarse y articular un paisaje hecho de libros, que es el espacio de una librería. Un paisaje que debe ser suficientemente cambiante (alta rotación en ciertas partes) pero atractivo y cómplice para quien lo habita y pasa allí su tiempo (el propio librero y sus clientes habituales). Si este paisaje no toma forma, como sucede en numerosos casos por todo el mundo, nada distinguirá la librería de unos grandes almacenes, excepto una menor rentabilidad.

Siempre escribí a mano con una pluma estilográfica el primer borrador. Después lo pasaba a una Lettera 22 para las versiones sucesivas. Me parecía lo más obvio del mundo, como beber en un vaso. Con el advenimiento de la computadora di un paso atrás, limitándome a la pluma estilográfica. Tenía y tengo la suerte de pasarle el manuscrito a mi asistente Federica, que lo convierte en un documento digital. Una de las pocas ventajas de la edad. Hoy, sobre tres mesas bastante largas, veo tres Lettera 22. Parecidas a animales en letargo. Una –azul– era mía, otra –verdosa– heredada de Bazlen y otra más –gris metálico, con caracteres en cirílico– que perteneció a Brodsky. Eso no es todo: debo confesar que en un rincón, en sus estuches, hay otras tres, anónimas.

Sé muy bien que esto parecerá irracional o pedante a casi todos, pero pienso que un cierto modo de escribir no es compatible con el ordenador *para el primer borrador*. Lo que sucede más tarde no difiere de una corrección de pruebas normal, que es, por otra parte, indispensable. Esto no vale, sin embargo, para la primera redacción o las primeras intervenciones. Ahí necesito ver todas las correcciones, incluso el modo en que quedan dispuestas en el espacio de la página, además de los agregados sobrevenidos en los márgenes y los pasajes eliminados. Es un hecho visual que el ordenador es incapaz de reproducir. Puedo imaginarme a algunos moviendo la cabeza y diciéndome: «Todo eso también se puede hacer con el ordenador.» Sé que nunca conseguiré convencerlos –y, aún más claramente, sé que ellos no me convencerán a mí–. Otro argumento: la inmaterialidad virtual de cualquier pantalla exalta las imágenes, como en los años gloriosos del cine, cuando las salas se parecían a templos babilonios que convergían sobre una epifanía blanca y negra; pero debilita la palabra, que exige un fondo opaco, resistente –papel o arcilla o piedra–. El movimiento de la mano que escribe sobre el papel es una extrema, miniaturizada variante del de la mano que dibuja. Mientras que el repiqueteo de la mano que teclea se parece al de un reloj.

Es muy raro el caso de un libro que, habiéndolo leído, haya quedado tal cual, sin ninguna marca en lápiz. No agregar a un libro huellas de la lectura es una prueba de indiferencia –o de mudo estupor–. ¿Cómo intervenir? Aquí los modos divergen, de lector a lector. Aquel que ha sido para mí «El Lector» por excelencia, Enzo Turolla, solo ponía puntos casi invisibles en los márgenes del pasaje, en las líneas o en las palabras en particular que le habían llamado la atención. Releer un libro siguiendo, uno por uno, esos puntos era, en ocasiones, como leer un ensayo, agudo y articulado, sobre ese libro. Se podía incluso pensar en que la escritura de ese ensayo hubiera podido ser superflua o menos incisiva. Existen también lectores airados (la lista es larga) que salpican los márgenes de los libros con signos de exclamación e interrogación indicando desaprobación, y a veces agregando: *nonsense* u otros exabruptos.

Por otra parte, una simple referencia a una página, acompañada quizás de una palabra clave, escrita sobre la última guarda blanca del libro (es una costumbre mía), puede revelarse más tarde como algo precioso. Existen los libros que uno imagina haber leído, cuando en verdad solo ha oído hablar de ellos. Y existen, también, los libros que uno ha leído y anotado, pero de los que más tarde ha borrado todo recuerdo. A partir de las anotaciones en un libro olvidado se puede reencontrar ese determinado pasaje que resultará indispensable «veinte años más tarde».

Con su «caligrafía de insecto» (así la definía), Borges escribía anotaciones en las guardas de los libros evitando con cuidado poner marcas sobre las páginas impresas. En su ejemplar de *The Royal Art of Astrology* de Robert Eisler, el menos afortunado y conocido de los grandes visionarios eruditos del siglo XX, se encuentran dos anotaciones que iluminan tanto a Eisler como a Borges. En la primera se lee: *«Los horóscopos individuales – 165»*, correspondiente a este pasaje del libro: «La idea de que los eternos dioses astrales puedan estar íntimamente involucrados en la existencia y el carácter de cualquier Tom, Dick y Harriet –"así tantos dioses se disputan una misma cabeza" *(tot circa unum caput tumultuantes deos),* como decía en tono de burla Séneca– no se le podría haber ocurrido a un asirio o un babilonio, ni siquiera a un egipcio o un etíope.» De ello se deducía que el *horóscopo individual* solo podía desarrollarse en la cultura griega. Era una manera entre tantas, pero muy elocuente, para diferenciar Europa de Asia.

La otra página marcada por Borges era aún más significativa porque introducía los astros en el interior de toda actividad, incluso de quienes los ignoran. Esta es la anotación de Borges:

«Contemplation, consideration – 261», referida al siguiente pasaje de Eisler: «Sería difícil, si no imposible, encontrar otro cuerpo doctrinario que haya influido tan profundamente –a pesar de todas las críticas dirigidas en todos los tiempos a sus evidentes debilidades– en el comportamiento de tantos individuos eminentes de todos los tiempos y de todos los países, dejando una impronta imborrable en la lengua inglesa y en todas las lenguas romances, de modo que hasta la actualidad nos vemos obligados a usar un término astrológico cada vez que queremos "con-siderar" lo que vamos a hacer respecto a este o aquel problema; en cuanto a la "con-sideración", no es otra cosa que el acto de enfrentarse al influjo de los diversos astros *(sidera)* acerca de la decisión "contemplada", en tanto que la *contemplación* misma significa, en el origen, la elaboración de un diagrama que dividía el cielo en cuadrantes –operación denominada *templum* por los antiguos augures etruscos y dirigida a facilitar la interpretación sistemática de los prodigios observados por quien estudiaba el cielo–». *Consideración, contemplación:* dos palabras poderosas para Borges, cuyo sentido se iluminó en dos páginas de un libro que había comprado en 1947 en la Mitchell's Book

Store, ubicada en la antigua calle Cangallo (hoy Presidente Juan D. Perón) 570, Buenos Aires.

Siempre he desconfiado de quienes quieren conservar los libros *intactos,* sin ninguna marca de uso. Son malos lectores. Toda lectura deja una marca, aunque no quede ningún signo visible en la página. Un ojo experto sabe enseguida distinguir si un ejemplar ha sido leído o no.

En cuanto a las señales en los libros, todo está permitido excepto escribir o subrayar con bolígrafo, porque es una especie de lesión irreparable del objeto. Pero también esta regla admite –muy raras– excepciones. Tengo frente a los ojos dos páginas del ejemplar de *Cartesian Linguistics* de Chomsky que perteneció a Oliver Sacks. Observo once líneas subrayadas con bolígrafo y con regla. Las anotaciones de Sacks están en los márgenes, siempre en bolígrafo con dos tintas, negra y roja. Tratan –nada menos– de la relación entre «estructuras profundas» y «enunciaciones». En rojo se lee, como en una explosión, la frase conclusiva: «Yo no *pienso* en enunciados.» Imposible no conceder a Sacks, a su perpetuo espíritu infantil, esta y muchas otras excepciones.

Civilización: una palabra con mala fama. No sin razones, por otra parte; pero eso no quita que en algunos casos resulte útil. Por ejemplo, cuando digo que la London Library es un ejemplo muy alto de civilización. Lo mismo creía E. M. Forster cuando escribió: «La London Library no es típicamente inglesa; es, más bien, típicamente civil.» Así, no se refería a una determinada observación de costumbres o leyes, sino al mero hecho de ser algo justo y no demasiado alejado de la perfección, según criterios aplicables a cualquier lugar, tiempo y circunstancia.

La London Library fue fundada en 1841 por el impulso vehemente de Thomas Carlyle, que ya no soportaba ir al British Museum. Demasiada gente, demasiado ruido, demasiado tiempo perdido para atravesar Londres desde Chelsea y después esperar los libros. Además, el italiano que dirigía la biblioteca, Panizzi, le había negado una sala solo para él.

Carlyle era un devorador de libros. Escribía y enseguida leía en público sus escritos. Por una guinea se compraban las entradas en las mejores librerías. Público cómplice, entusiasta. Un testimonio benévolo habla de la luz lunar que emanaba, en la sala de Portman Square, de los rostros de algunas de las damas más bellas de la sociedad londinense. Lo miraban «como a un cowboy llegado de las llanuras americanas» –y no de Escocia, de donde venía.

La primera serie de lecturas estuvo dedicada a la literatura alemana, de los Nibelungos a los románticos. La cumbre del éxito la alcanzó con la última serie: *Sobre los héroes: de Odín a Robert Burns* (tal como se la presentó a Emerson), que sonaba un poco como *De Shiva a Mick Jagger*.

Según Carlyle, los libros se debían leer en casa y en soledad. Dado que su apartamento no podía albergar la enorme cantidad de libros que necesitaba, era necesario inventar un club que lo hiciese posible, para él y para la «parte de la Metrópoli que lee». Por eso era tan necesaria una biblioteca privada que no solo tuviera los libros necesarios –los que pudieran tener interés, por la razón que fuera, para lectores inteligentes–, sino que además fuera capaz de entregárselos a sus socios en cualquier dirección del mundo. Dado que «un libro es un tipo de objeto que requiere concentración, quien lo lee debe encontrarse a solas con él». Por tanto, «¿cómo podría leerlo en medio de una multitud, con un trasiego de todo tipo a su alrededor? El bien que viene de un libro no está en los hechos que se cuentan sino en el tipo de resonancia que despierta en nuestras mentes». Seguía el discurso: «Un libro puede extraer de nosotros miles de cosas, puede hacernos conocer miles de cosas que él mismo no conoce. Por este motivo digo que nadie puede leer un libro en medio del trasiego de trescientas o cuatrocientas personas a su alrededor. Aunque solo comprendiera los hechos que un libro contiene, un hombre puede extraer de él mucho más en su apartamento, en la soledad de una noche, que en una semana en un lugar como el British Museum.»

Palabras que fueron acogidas con aplausos estruendosos mientras Carlyle hablaba en el Lincoln's Inn Fields, delante de un altar decorado con símbolos masónicos y bajo una gigantesca estatua del duque de Sussex vestido de caballero de la Jarretera. En el público se reconocían, junto a las fieles *beauties,* no pocas personalidades eminentes. Ese discurso para la futura London Library fue el único que Carlyle pronunció sin recompensa, y se reveló muy eficaz. Poco después la London Library abriría sus puertas en su primera sede, en Pall Mall. Desde el principio contó con el apoyo del príncipe Alberto (que, entre otras cosas, donó a la biblioteca una edición en pergamino de las obras de Goethe), de algunos escritores de primera fila (Dickens, Macaulay, Thackeray) y de algunos políticos ilustres (Gladstone, Clarendon, Lyttelton).

Han pasado desde entonces casi dos siglos y la London Library, tras diversas vicisitudes excéntricas y novelescas –cuyas memorias podrían haber sido escritas por el legendario Mr. Cox, quien empezó a trabajar en 1882 de recadero y se jubiló como bibliotecario al comienzo de la década de 1950–, mantiene plenamente el carácter que le imprimió Carlyle. Un socio (que debe ser presentado por otro socio; en mi caso fue Bruce Chatwin) puede ir a leer a la Reading Room en St. James's Square, y sentirse como en un domicilio acogedor y extraterritorial, o también puede hacerse enviar hasta quince volúmenes a cualquier parte del mundo, desde la misma Londres a Hong Kong, Borneo o Nueva Zelanda. Si estos no son solicitados por otros socios de la biblioteca, puede renovar el préstamo incluso durante años (cosa que me ocurrió, mientras escribía *K.*, con el *Kafka-Handbuch* de Hartmut Binder, libro tan valioso como inhallable, incluso en anticuarios). Pocas alegrías son tan seguras y nítidas como recibir esos paquetes amarillos, con la inconfundible, elegante, inalterable etiqueta que dice, negro sobre blanco: London Library.

En uno de los no pocos momentos críticos de la London Library (falta de fondos, pérdidas excesivas, etc.), T. S. Eliot intervino con un discurso apasionado en el que precisó dos elementos incontrovertibles del carácter único de la London Library: «Tengo una acumulación de libros tan variados y tan reacios a todo intento de ordenar, que cuando quiero consultar un libro que estoy seguro de poseer pero no consigo encontrarlo me veo obligado a tomarlo en préstamo de la London Library.» Si esto puede parecer un argumento *ad hominem,* el segundo parece susceptible de ser suscrito por una gran cantidad de lectores: «No creo que exista otra biblioteca de estas dimensiones que contenga tantos libros que *podría* querer y tan pocos para los que no pueda imaginar un lector interesado en ellos.»

Cuando Isaiah Berlin se despedía para ir a la British Library no decía «me voy a trabajar», sino «me voy a leer».

Entre los griegos que fueron célebres por sus grandes bibliotecas, Ateneo recuerda a un tirano-filólogo, Pisístrato; un científico, Euclides, y, además, a Eurípides, Aristóteles y Teofrasto. Neleo conservó los libros de estos dos últimos y se los vendió a Ptolomeo Filadelfo, que se los llevó a Alejandría. Eran una suma de singularidades. Una biblioteca ideal debería tener algo de esa «variedad», *poikilía,* que la biblioteca de Alejandría, decana de todas las bibliotecas occidentales, tuvo desde el principio.

En la Roma antigua existían 29 bibliotecas públicas; 37, según otras fuentes. En la Europa de la primera mitad de siglo XVII existían solo tres bibliotecas abiertas al público: la Ambrosiana de Milán (de 1608); la Bodleian de Oxford (de 1612) y la Biblioteca Angelica de Roma (de 1620). Gabriel Naudé, autor de las *Considérations politiques sur les coups d'État,* maquiavélico extremo y «gran escéptico», fue ante todo un cazador de libros. Reunió más de 40.000 para el cardenal Mazarino, antes de que un «decreto inepto» del Parlamento decretase que se venderían al público. Desesperado, Naudé invirtió las 3.000 *livres* que poseía en recuperar parte de los volúmenes. Al final consiguió que, sobre la base de los libros del cardenal, se fundase la Bibliothèque Mazarine, «pública y universal».

Antes de eso, Naudé ya se había ocupado, en su *Advis pour dresser une bibliothèque*, de la cuestión del orden de una biblioteca. En el capítulo IV trataba «de la calidad y condición que deben tener» los libros de la biblioteca ideal. A continuación enumeró las categorías en las que dividirlos. En este orden: Teología Positiva, Escolástica, Derecho, Medicina, Astrología, Óptica, Aritmética, Sueños. Incluso los Heréticos debían tener un lugar. Se sugería la presencia de Boccaccio, Dante y Petrarca en italiano, junto a Avicena en árabe, pero quedaban excluidas las novelas, esa «pura frivolidad». No se hablaba de «literatura», categoría todavía incipiente, sobre todo entre los Modernos. En cuanto a Naudé mismo, según Sainte-Beuve, «no se cuidaba en absoluto de la expresión literaria, de cuya existencia ni siquiera tenía noción». Para todo lo demás, los criterios sugeridos por Naudé permanecen intactos cuatro siglos más tarde.

Un contemporáneo vio a Naudé saliendo de un cuchitril de librero y lo describió como «cubierto de polvo de la cabeza a los pies; la barba, el cabello y la ropa cubiertos de telas de araña, de un modo que daba la impresión de que ningún cepillo iba a ser suficiente». Sainte-Beuve, siempre malicioso, aplicó la descripción también a su estilo, «lleno de telas de araña».

Naudé fue asimismo el teórico de los golpes de Estado y su extremado escrúpulo de catalogador causaba sobresaltos en Sainte-Beuve: «Da la receta de lo que considera permitido en caso de necesidad: asesinato, envenenamiento, masacre. Divide y subdivide el todo con una inconcebible sangre fría. Los consejos de moderación que propone no hacen más que acrecentar la inmoralidad del fondo; por momentos se creería que bromea: es como un cirujano curioso que reúne ejemplos de sus mejores casos o como un químico diletante que etiqueta amablemente todos sus venenos, escribiendo en cada uno cuál es la dosis indispensable y suficiente.» La insistencia de Naudé para que la biblioteca ideal fuera útil a todos no se debía a un arrojo de benevolencia, sino al impulso por expandir una obsesión en todas las direcciones, de manera que pareciera –después de todo– *normal*.

«No me molesten si no es por algo de provecho»: este letrero se leía en la tienda de Aldo Manuzio en Venecia, barrio de San Polo, cerca de la panadería de Campo Sant'Agostin. Según Martin Lowry, que investigó todo lo relacionado con la figura de Manuzio, esa bodega era «una combinación, hoy casi inconcebible, de ruidoso taller, hostal e instituto de investigación». Por allí rondaban una treintena de personas, entre trabajadores, servicio, familiares y huéspedes. Un día de 1508, Erasmo de Róterdam estaba sentado en un rincón de la imprenta escribiendo sus *Adagia*, con el único recurso de su propia memoria, y cada hoja que terminaba se la pasaba al tipógrafo para que la compusiera. En otro rincón, Aldo leía y releía las pruebas ya leídas y releídas por otros. Si alguien le hacía esa observación, respondía: «Estoy estudiando.» Esta era la vida cotidiana. «Desde que emprendí el extenuante trabajo de impresor, hace seis años, puedo jurarles que no he tenido una hora de descanso ininterrumpido», escribió Manuzio en una ocasión. Pero no solo para él era dura la vida. Según Erasmo, los trabajadores de la tipografía disponían de media hora al día para comer. No sorprende que el ambiente fuera turbulento; Manuzio se lamentó en cuatro ocasiones de que sus trabajadores se hubieran «confabulado contra mí en mi propia casa, instigados por la madre de todos los males, la Codicia; pero con la ayuda de Dios los he vencido de tal modo que ahora se lamentan por su traición». Sin embargo, si hay un lugar en el que se respiraba una felicidad del todo nueva era en ese taller.

Manuzio fue el primero en transformar una imprenta en una editorial, agregando una incógnita, minúscula o grande, a la ecuación de un oficio que había sido inventado cuatro décadas antes. Esto sucedió gracias a una especie de devoción por las *cosas de provecho*. Hasta entonces había sido preceptor en casas nobles y poderosas. Hubiera podido convertirse, sin gran esfuerzo, en uno de los catedráticos de la época, con una cohorte de discípulos y de vanidades. Pero otra cosa lo encandiló, mucho más arriesgada, mucho más urgente y mucho más atractiva: *dar forma* a ciertos libros, sobre todo griegos, empezando por las gramáticas. En Venecia había por entonces una necesidad casi física de ellos: afluían a la ciudad, continuamente, desterrados y manuscritos, tras la caída de Constantinopla en 1453. Venecia, por entonces, era un compendio del mundo. O mejor dicho, según Manuzio, «otra Atenas». En cuanto a él, solo pedía que lo dejaran tranquilo para poder «publicar buenos libros», *edendis bonis libris.*

Hay casos afortunados –aunque cada vez más raros, y a los que la era informática ha reducido al mínimo– en los que el librero no se da cuenta del valor de lo que tiene entre manos. Recuerdo uno, que se remonta a principios de los años setenta. La fecha es importante porque justifica lo arcaico de ciertos detalles. Era un catálogo alemán, ciclostilado (un tipo de impresión que se usaba para dosieres universitarios y octavillas). Publicaciones académicas de germanística y romanística. Precios irrisorios, tratándose de publicaciones universitarias muy comunes, en buena medida «ediciones de concursos». La vista cae sobre Cavalcanti, *Rimas,* sin indicación de editor, solo el lugar de edición: Génova. Era suficiente. Ese «Génova» no podía significar sino la fantasmagórica y legendaria edición de Cavalcanti al cuidado de Ezra Pound y despreciada por los italianistas debido a su falta de rigor. La compré de inmediato –creo que costaba algo así como diez marcos– y unos días después lo recibí: «Guido Cavalcanti

/ *Rimas.»* El corazón me dio un salto cuando leí, en la portada: «Edición recuperada de las ruinas.» Así Pound definía, con vibrante elocuencia, no solo su trabajo sino a sí mismo. Sin embargo, su nombre no aparece en parte alguna del libro, de no ser por las iniciales en el prefacio: «*Ad Lectorem* E. P.» Al pie de esas tres páginas, escritas en italiano, se lee «Rapallo, Mayo – Año IX». Pero eso no era todo: en mi ejemplar hay, además, una dedicatoria, con tinta negra y caligrafía vigorosa: «V. M. from EP XV.» Desde entonces no he vuelto a ver nunca más el Cavalcanti de Pound en el catálogo de un librero.

«Habent sua fata libelli», repetía sin cesar el irresistible y exasperante Brichot en la *Recherche*. Un día, también a principios de los años setenta, hojeaba un catálogo de historia del arte que subastaba Sotheby's y advertí una entrada que fundía los dos volúmenes de Aby Warburg, *Gesammelte Schriften* y las *Lectures* de Fritz Saxl, con el agregado de una imprecisa cantidad de separatas, sin indicaciones del autor. El precio de referencia era muy modesto. Hice mi oferta y me comunicaron que el lote me había sido adjudicado. Cuando llegó el paquete fue una sorpresa agridulce.

Las separatas eran ensayos de Warburg; algunas eran de formato grande, elegantemente encuadernadas e impresas, como solo podía suceder para contadas publicaciones eruditas de principios del siglo xx, todas con dedicatorias a los familiares más cercanos («A su q[uerida] mujer y colaboradora... con gratitud el Aut[or] Ag. 1907») en el ensayo sobre Francesco Sassetti; a los padres, con indicaciones del regimiento en el que Warburg había hecho su servicio militar, en el ensayo sobre el *Nacimiento de Venus* y la *Primavera* de Botticelli. Para quien conozca los dolorosos acontecimientos que marcaron la vida de Warburg, siempre en peligro de hundirse en la enfermedad mental, ciertas dedicatorias suenan ominosas: «A su hijo Max, en recuerdo de la Navidad de 1924, cuando su padre había regresado a Hamburgo», después de haber pasado tres años internado en la clínica psiquiátrica de Binswanger. También la dedicatoria a su mujer, Mary, «en recuerdo de cuatro años y medio pasados juntos y relativamente felices» –era en 1902 en esta ocasión, y Warburg se refería a los primeros y tempestuosos años de su matrimonio.

El paquete no contenía solo esas separatas magníficas y de tan dramáticas resonancias.

Con una encuadernación doméstica y una portada muda había un escrito a máquina titulado: «Relación sobre la actividad en la Biblioteca Warburg en los años 1930 y 1931». Treinta y cinco páginas numeradas y seguidas de dos firmas autógrafas, una sobre otra: Saxl/Bing. Obviamente, Fritz Saxl y Gertrud Bing. Como fuente para la historia del Warburg Institute en sus años decisivos no existe documento a la vez más peculiar y más autorizado. En la bibliografía del muy incompleto libro de Gombrich sobre Warburg se menciona esta «Relación», especificando que se trata de un escrito a máquina pero sin nombrar a sus autores.

Todo lo cual llevaba a pensar en dos escenas indudables. En primer lugar, un miembro de la familia Warburg, ilustres banqueros de Hamburgo, debía de haberse librado expeditivamente de esas separatas y de esos libros (los dos volúmenes de los escritos de Warburg eran posiblemente sus propios ejemplares, porque llevan su nombre en la guarda), pero sin renunciar a venderlos, aunque sea a un precio modesto. Por otra parte, los expertos de Sotheby's no se habían percatado de lo que tenían entre manos o no le habían dado ninguna importancia, incluyendo las separatas en el catálogo sin aportar ningún detalle. El viejo Brichot tenía razón.

Después de diversas aventuras, el Cavalcanti de Pound y las separatas de Warburg terminaron en dos estantes adyacentes, a pesar de que las órbitas de Warburg y de Pound eran bastante alejadas (aunque ambos fueron los primeros en prestar atención al Palazzo Schifanoia). No sabría decir por qué, pero creo que están en el lugar que les corresponde.

No es necesario que los libros estén en orden –tampoco en desorden– para revelar algo a su propietario. Pueden incluso estar en cajas apenas abiertas. De todos modos, algo se revelará.

La primera persona que pisó el apartamento donde aún vivo, en Milán, fue Jacob Taubes. No lo conocía, aunque sabía quién era, a través de Frederic Rzewski, a quien Taubes le había regalado *De la Tyrannie,* el candente intercambio entre Kojève y Leo Strauss; y de Ingeborg Bachmann. Ingeborg fue quien le sugirió a Taubes que, en Milán, se pusiera en contacto conmigo. Era diciembre de 1968. Taubes dirigía en Berlín el seminario más subversivo de Europa, aunque se cuidaba bien de presentarlo así. Solo dijo que buscaba atraer *a los mejores,* y amablemente me invitó a mudarme allí para enseñar durante una temporada. Adelphi estaba por entonces dando sus primeros pasos, por lo cual decliné la invitación.

Taubes era un conversador irresistible y fascinante, y no solo quería hablar de su seminario. Estábamos sentados en una habitación que aún carecía de muebles, ocupada en gran parte por cajas de libros recién llegados de Roma. Para Taubes –se me hizo evidente enseguida– hablar con alguien significaba ante todo entrar en el paisaje de su biblioteca. Ese día tal cosa no era posible. Pero el impulso era fuerte, así que Taubes alargó una mano sobre una de las cajas y sacó el primer libro que sobresalía: *Vom kosmogonischen Eros* de Ludwig Klages: «Pero ¿cómo puede...?» (entiéndase: «¿cómo se atreve?»), me dijo de inmediato, con una expresión de complicidad que nunca olvidé. Todo esto hoy resulta difícilmente comprensible: Klages era entonces uno de los nombres *prohibidos.* Había sido el modelo para el Meingast de Musil en el *Hombre sin atributos,* pero en primer lugar estaba asociado a todo lo que los estudiantes de Berlín, incluidos los del seminario de Taubes, se sentían en el deber de evitar y despreciar: el alma *(El espíritu como antagonista del alma* era el título de su obra más importante), Nietzsche, la grafología, Bachofen, el reino de las Madres, el telurismo. Para no hablar del *Eros cosmogónico,* título del libro que Taubes tenía entre las manos. En una palabra, Klages era lo *irracional,* lo horrible irracional, enemigo mortal de toda *Aufklärung.*

Nunca volví a ver a Taubes después de aquel día, aunque oí hablar mucho de él. Sobre todo por parte de Scholem, quien había terminado por aborrecerlo y lo consideraba una figura demoniaca; y de Cioran, que lo tenía en gran estima. Mientras escribo esto me doy cuenta de que han pasado exactamente cincuenta años desde ese día de otoño de 1968 y Adelphi está publicando la correspondencia entre Carl Schmitt y Taubes bajo el título de *En los lados opuestos de la barricada.* Entonces vuelve un recuerdo: Taubes, a quien le gustaba desconcertar a sus estudiantes revoltosos y timoratos, invitó a Kojève a su seminario. Los estudiantes lo escucharon, atemorizados. En el momento de despedirse, Kojève dijo que el siguiente invitado sería Carl Schmitt, la persona que más le interesaba de Alemania.

Al editor holandés Koen van Gulik le sucedió que, teniendo ya su propia biblioteca, heredó otra, que provenía de alguien muy cercano a él: su padre. La idea más obvia y a la vez más práctica era la de reunir ambas bibliotecas. De este modo, el mismo clásico estaría representado por distintas ediciones y se eliminarían algunas lagunas. Sin embargo, Koen se percató enseguida de que esa solución no funcionaba. Los libros provenientes de una biblioteca seguían imantados por los libros de la misma biblioteca. Se resistían a reunirse con los otros. La cercanía forzada podía provocar estridencias, dejar ver incompatibilidades de gusto. Era como si las dos bibliotecas reunidas se volvieran algo parecido a una biblioteca pública o una librería. Perdían su carácter de involuntaria confesión. Precisamente porque tuvo esta percepción, Koen es un buen editor.

Yo no tenía la completa certeza de que la biblioteca en cuestión hubiera pertenecido al padre de Koen. Por eso le pedí confirmación y recibí como respuesta esta carta: «Sí, era de mi padre, nacido en los años veinte en una familia muy católica del norte de los Países Bajos –es decir, en una pequeña isla en el mar calvinista holandés–, que empezó a perder la fe después de la guerra y buscó la Respuesta a sus dudas en libros muy complejos –teología, historia, psicología– y en la literatura de la época, que era, en su mayoría, apenas legible. Por supuesto que a mí también me interesan los temas que a él lo atraían, pero no en la cantidad que ocupaban en su biblioteca. Además, mi padre era una persona antipática. Incluir su biblioteca en la mía hubiera significado la aceptación de su inalienable importancia para mi vida, que después de su muerte he intentado negar.» Palabras que muestran hasta qué punto el hecho de ordenar una biblioteca puede remover las aguas más profundas.

En 1911 Fritz Saxl visitó por primera vez la biblioteca de Aby Warburg, que era entonces una institución privada en un barrio residencial de Hamburgo –Warburg no quiso, ni entonces ni más tarde, que se convirtiera en una de las diversas sedes de los cursos universitarios–. La primera impresión fue de particular desconcierto. Raras bibliografías permanecían junto a numerosas publicaciones de astrología. El desconcierto tenía que ver, también, con el modo en que la biblioteca estaba ordenada: «Warburg no se cansaba nunca de mover libros y volver a moverlos otra vez. Cada paso adelante en su sistema de pensamiento, cada nueva idea acerca de la interrelación de los hechos lo inducía a reagrupar de otro modo los libros que se veían implicados.»

Sobrias palabras que invitan a resignarse, de una vez y para siempre: el orden de una biblioteca no encontrará nunca –*no debería* encontrar nunca– una solución. Simplemente porque una biblioteca es un organismo en permanente movimiento. Es terreno volcánico, en el que siempre está pasando algo, aunque no sea perceptible desde el exterior. «En estos ámbitos, todo orden no es sino un estado de inestabilidad sobre el abismo» (Benjamin).

«¿Los ha leído todos?», le dice una señora rubia, finlandesa, a mi padre al entrar en nuestra casa de Roma. A la izquierda había una pared con textos jurídicos de entre el siglo XVI y finales del XIX, muchos de los cuales eran infolios y, en su mayor parte, en latín. Era la pregunta clásica que tantos se planteaban y en esta ocasión se expresaba por boca de la franqueza boreal. Manifestación de la incredulidad sospechosa pero nunca tan justificada como frente a unos libros que, por su naturaleza, no se leen de principio a fin sino que son de consulta y para citar.

En cuanto a mí, pasé junto a esos volúmenes todos los días de mi infancia y adolescencia. Por eso estaba obligado, al menos visualmente, a considerarlos familiares aunque me resultaran por completo desconocidos. Sin embargo, sé que les debo mucho, porque de esos libros no podría no haber *leído los lomos,* con esos nombres y títulos con frecuencia oscuramente entrelazados entre sí.

La señora finlandesa no solo había dado voz a la pregunta peculiar de quien no tiene una noción completa de lo que significa leer, sino que había tocado un punto crucial por lo que respecta a todo infolio, formato incompatible con los tiempos modernos. No es fácil imaginar hoy a un lector de infolios sino en las grandes bibliotecas públicas. Faltan los escritorios apropiados, los atriles, las estanterías suficientemente altas. La posición de san Jerónimo y su estudio en los cuadros de Antonello da Messina o de Van Eyck no serían hoy posibles. Así se pierde también un placer singular vinculado a los infolios: la sensación de leer algo que nunca se llegará a leer enteramente.

Donellus, Cuiacius, Albericus de Rosate, Baldus Ubaldus, Azo, Bartolus de Saxoferrato, Matthaeus Afflictis, Fulgosius, Placentinus, Zabarella: era imposible no leer esos nombres cada día, incluso mientras jugaba. Podían parecer extraños y hostiles, como inevitablemente se lo parecen en cierto momento a todos los niños las cosas de los adultos. Después, poco a poco, debieron de emanar una sutil fascinación, por la mera fuerza de su sonido, y siempre ligados a la sensación de desmesura, benéfica preeminencia de lo desconocido sobre lo conocido. Sensación sin la cual no se da ni siquiera el primer paso del conocimiento –y permanece intacta hasta el último–. Sensación que se puede tener incluso al recorrer un pasillo de casa, y tomando nota sin querer, con el rabillo del ojo, de los nombres inscritos sobre los lomos de ciertos volúmenes infolio.

2. Los años de las revistas

«Me pregunta cómo empezó *Commerce*… Un día Valéry dijo, de pronto: ¿por qué no seguir nuestras reuniones publicando una revista con nuestros diálogos? Como título sugiero *Commerce,* comercio de ideas. Esta idea gustó a todos los presentes. Los directores (Larbaud, Valéry, Fargue) fueron designados de inmediato. Adrienne Monnier y yo misma nos encargamos de poner todo en movimiento y empezamos enseguida.» Esto lo escribió Marguerite Caetani, de soltera Marguerite Gilbert Chapin, americana que llegó a Europa en 1902, casada con Roffredo Caetani, príncipe de Bassiano. En París la llamaban «la Princesa»; ella firmaba Marguerite Caetani.

Entre los tres directores, Valéry era la autoridad, Fargue un escritor admirado sobre todo entre escritores y Larbaud era un mediador febril en cualquier parte en que se hablara de literatura *de una determinada manera* (Svevo y Joyce fueron testigos de ello).

Ni Marguerite Caetani, que fue quien financió *Commerce,* ni los tres directores tenían nada que declarar. No se formuló nunca la cuestión de establecer un programa de la revista, como no se hace nunca en una conversación entre amigos, aunque sean lejanos u ocasionales.

Cuando el primer número no había salido todavía, Valéry escribía a Larbaud: «Recibo en Roma vuestra preciosa carta del 12, que me devuelve un poco a la atmósfera de nuestros almuerzos, irregulares pero siempre amables. El fruto de esas reuniones fue *Commerce*... Lo fastidioso es escribir... Me habría gustado mucho que fundáramos una revista en la que no hubiera necesidad de escribir. ¡Te das cuenta de las ventajas que eso tendría! Lector, autor, todos contentos.

«Sin adentrarse de tal modo en la perfección del género, se hubiera podido realizar lo que había imaginado cuando tenía veintitrés años y la fobia del portaplumas.

»Quería hacer una revista de 2 a 4 páginas.

»Título: Lo esencial.

»Nada más que *ideas,* en 2 o 3 líneas.

»Nada más que la pulpa…

»Por economía, se podría firmar solo con las iniciales…»

El nombre de Marguerite Caetani no aparece ni una sola vez en los veintiocho números de *Commerce.* El logotipo de la revista era una antigua balanza romana cuya imagen aparecía en la contraportada del primer número, bajo la indicación de la tirada (1.600 ejemplares). Reconocer *el peso justo:* era la premisa esencial. Todo lo que no lo poseyera quedaba descartado.

Debemos recordar, y comprender, lo que significaron las revistas (entiéndase las que tienen *lomos,* distintas de los periódicos, como es el caso de la *New York Review of Book,* el *New Yorker* o el *Times Literary Supplement).* Cuestión retrospectiva ya, porque las revistas literarias pertenecen a esas no pocas formas que han dejado de existir en los últimos cincuenta años. Su época dorada, como ahora queda claro, fue el periodo de entreguerras, con antecedentes notables en los años a caballo entre los siglos XIX y XX, como *La Revue Blanche, The Yellow Book o Die Insel.*

Marguerite Caetani era demasiado elegante para no esquivar como la peste cualquier parecido con el mecenazgo literario. Era una Guermantes, no una Verdurin. Por eso mismo ha escapado a la atención de los numerosos universitarios, toscos y codiciosos, que siguen llenándose la boca con términos como *modernismo* y *vanguardia*. Marguerite Caetani no fue visibilizada por ese pobre radar. Es uno de los motivos por los que se han escrito pocas cosas significativas sobre ella. En ese panorama sobresale el magnífico «retrato de Marguerite» (o Margherita, como se la llamaba también) que nos dejó Elena Croce en *Due città*.

El retrato se focaliza en los años italianos de Marguerite Caetani, cuando, entre 1948 y 1960, dirigía *Botteghe Oscure*, que acogió a los *expatriates* angloamericanos de la época, una revista excelente, aunque dé la sensación de un colapso ya sobrevenido –y sea inevitable leerla como una versión colonial de *Commerce*–. Para constatarlo basta contrastar un ejemplar de *Commerce* con uno de *Botteghe Oscure;* contraste del todo desfavorable para *Botteghe Oscure:* el papel es de peor calidad, el formato es menos acertado, la legibilidad de la página es menor, los colaboradores son demasiado numerosos (fue el vicio principal de la revista, que se aventuró a caer en manos de los veleidosos). A pesar de todo, como observó Pietro Citati en una entrevista, *«Botteghe Oscure…* fue la mejor revista italiana de su tiempo, infinitamente superior a *Politecnico, Paragone,* etc., que sin embargo son mucho más conocidas».

Georges Limbour escribió una «Oda al índice de *Commerce»,* que empieza por «Artaud» y termina por «Zen». Este era el prodigio peculiar de *Commerce:* en ese índice casi todos los nombres *suenan,* dicen algo todavía hoy. O, al menos, causan curiosidad. Cosa que no sucede con *Botteghe Oscure,* de la que, por momentos, se recorre el índice de nombres como en una guía telefónica (los escritores publicados son más de setecientos, en cinco lenguas). En medio de ello tuvo lugar el final de la edad dorada, aunque nadie parece haber advertido entonces su existencia. La idea misma de revista literaria se deshacía. De hecho, *Botteghe Oscure* se parecía más a un almanaque semestral que a una revista.

«Regia»: palabra usada por Elena Croce, por lo general espartana en la adjetivación, para definir a Marguerite Caetani. Precisando que «Margherita había ocupado un papel casi de reina», en paralelo al otro posible soberano en la geografía mundana de la Italia ya remota y casi indescifrable de los primeros años de la posguerra: Bernard Berenson, con quien la unía una amistad que era «casi el emblema de la concordia discorde». Sabían provocarse amablemente. Berenson decía de ella: «Siempre está a la búsqueda de un nuevo arte más sucio que el anterior», tocando el punto más sensible de Caetani, que vivía permanentemente a la «espera de un novísimo "nuevo"».

Berenson, en cambio, judío lituano emigrado a América y magistralmente mimetizado con la Boston más *waspish,* decía de sí mismo: «He gastado demasiado tiempo y dinero en hacer de mí un *gentleman»,* y no estaba dispuesto a renunciar de ningún modo a lo que había conseguido. En tanto que Marguerite Caetani había crecido en esa misma Boston y no había tenido que hacer ningún esfuerzo de ascenso social. En los años de *Botteghe Oscure,* cuando un amigo le señaló que el título de la revista habría podido prestarse a equívocos, porque

Botteghe Oscure –para un oído italiano– significaba la sede del partido comunista mucho más que la dirección del palacio Caetani, la respuesta fue: «Pero nosotros vivimos aquí desde hace mil años.»[1]

Aunque todas las mañanas evitaba rigurosamente cualquier contacto con el mundo para concentrarse en la escritura de sus *Cahiers* entre las cinco (o las cuatro) y las siete, cuando empezaban a hacerse oír los ruidos domésticos, Valéry fue siempre un consumado estratega literario y sabía perfectamente que vincular su nombre al de una revista era una operación muy delicada y cargada de consecuencias. Como testimonio de su plena lucidez vale la carta que escribió a Marguerite Caetani en abril de 1924, dos meses antes de que se imprimiera el primer número de *Commerce:* «Si hubiera podido asistir a las sesiones del Comité secreto, habría pedido que se precisara nuestro plan y que se tomaran todas las disposiciones para que esta publicación se distin-

1. Via delle Botteghe Oscure es una calle céntrica de Roma donde se encuentra el Palazzo Caetani, que fue sede de la revista. En la misma calle, a ciento cincuenta metros, está la sede histórica del PCI. *(N. del T.)*

guiera claramente de todas las revistas posibles. Porque existe hoy tal número de revistas que no hay necesidad de agregar una.

«Lo esencial sería adquirir una autoridad, ocupando en el Mundo de las Letras, o en los límites de ese horrible mundo, una posición estratégica singular –la de las personas de espíritu completamente libre, que no necesitan más publicidad ni disparar tiros de pistola a las farolas, y que por otra parte no están ligadas a ningún sistema...–. Creo que tendremos tiempo de hablar de ello a mi regreso, dentro de algunas semanas. Haré todo lo posible por darle una "Carta sobre las Cartas", como es su deseo, aunque no sé de dónde sacar tiempo para escribirla, considerando los compromisos (que no cumplo), los fastidios, etc.

»No creo que se deba anunciar la revista en la prensa a bombo y platillo ni definirla desde ya. Soy de la idea de que no es útil mencionar el nombre de los "directores" en la portada... Mi idea sería que no deberíamos aparentar que nos dirigimos al público, como si estuviéramos encima de un escenario. Debería dar la impresión de que nos encontramos entre amigos, con el público autorizado a mirar desde la ventana... Pero todo esto requeriría una discusión de viva voz y con presencia real. Le beso las manos, querida Princesa, rogándole que transmita todos mis sentimientos romanos al Príncipe, y recuerdos a Fargue, Larbaud y Léger, si llega a verlos en estos días.»

Abrimos el primer número de *Commerce* y leemos el índice: Valéry, «Lettre»; Fargue, «Épaisseurs»; Larbaud, «Ce vice impuni, la lecture»; Saint-John Perse, «L'amitié du Prince»; Joyce, «Ulysse-Fragments». Los tres primeros textos son de los directores; el cuarto es del poeta *residente* (y constante consejero) de la revista; el quinto es la única apertura al mundo exterior del «Comité secreto». Pero es el *Ulises* de Joyce; con eso es suficiente.

Observemos ahora lo que está en primer lugar, normalmente reservado a los programas, manifiestos o declaración de intenciones: la posición de todo lo que puede ser público y declarado a los cuatro vientos. Aquí, en cambio, encontramos la forma más íntima, reservada y secreta: la carta. Corresponde a esa «Carta sobre las Cartas» anunciada por Valéry a Marguerite Caetani. Pero aligerada de la precisión «sobre las Cartas». ¿Por qué? ¿A quién se dirige la carta? Se podría pensar que a la propia Marguerite Caetani, dado que ella se la había solicitado. Pero tres años más tarde vemos reaparecer el texto, ahora con el título de «Carta a un amigo», en una edición ampliada de *Monsieur Teste*. Por tanto, el destinatario era precisamente Monsieur Teste, antepasado totémico, emblema y cifra del propio Valéry. Monsieur Teste era el ejemplo –único por definición– de un solipsismo extremo. Escribirle una carta significaba entablar un diálogo en el interior de su cabeza. Era una tarea reservada a su doble. De todo esto se deduce que la «Carta» de apertura de *Commerce* era una muestra de *dramaturgia mental,* género literario inventado y practicado por un único autor: Valéry, precisamente –con el antecedente de Mallarmé.

Al mismo tiempo, la «Lettre», a través de un camino enmarañado y precioso, es también –cuando lo leemos en la revista– el *equivalente* de una declaración programática, dirigida al «Mundo de las Letras», a ese «horrible mundo» cerca de cuyas fronteras *Commerce* hubiera debido ocupar «una posición estratégica singular».

¿Qué nos autoriza a afirmarlo? La «Lettre» se presenta como si hubiera sido escrita en un tren, durante un largo viaje nocturno hacia París. El ruido de los rieles, bielas y pistones se mezcla con una incesante actividad mental. Es el «metal que forja el camino en la sombra» –a consecuencia de lo cual «el cerebro, sobrexcitado, oprimido por los tormentos, por sí solo y sin saberlo, genera necesariamente una literatura moderna...»–. Esto basta para mantener a distancia todos los vanguardismos que disparan tiros de pistola contra las farolas.

Pero el blanco principal es otro: a medida que el tren se acerca a París, la ciudad en la que «la vida verbal es más poderosa, más diversa, más activa y caprichosa que en cualquier otra», el «duro murmullo del tren» parece transformarse en el «zumbido de una colmena». No solo se asoma el Mundo de las Letras sino el entero «bazar occidental de los intercambios de fantasmas». Al final aparece el verdadero objeto de Valéry: «La actividad definida como *intelectual*». En este punto se abre un rápido juego entre *persiflage* y sarcasmo. Valéry pretende, con completa gravedad, no saber qué significa la palabra «intelectual» (en posición de adjetivo). Lo justifica con su interlocutor: «Usted sabe, querido amigo, que soy una mente de la especie más tenebrosa.»

Una inesperada claridad, en cambio, se expande cuando se habla de *intelectuales* como sustantivo. Son los fieles de la *opinión:* «Hombres casi inmóviles que provocan grandes movimientos en el mundo. U hombres muy animados que, agitando con vivacidad las manos y la boca, manifiestan potencias imperceptibles y objetos invisibles por su esencia... Este sistema de actos extraños, de producciones y de prodigios tenía la realidad omnipotente e inconsistente de una partida de cartas.» Poco a poco iba apareciendo una alucinación demoniaca en la que el remitente de la carta reconocía sentirse cautivo como en una tela de araña. Al mismo tiempo, daba a entender que no se podía mantener la suficiente distancia y separación. Era precisamente esta la intención, oportunamente disimulada, sobre la que debía fundarse *Commerce.*

La «Lettre» inaugural de Valéry en *Commerce* podría valer como apólogo para significar que ciertas páginas, aparecidas en una revista en un día determinado y en una determinada compañía, tienen *siempre* un significado distinto del que asumen en el seno de un libro. Quien lea hoy la «Lettre» convertida en «Lettre d'un ami» en el seno de la edición definitiva de

Monsieur Teste difícilmente podrá entender la función altamente estratégica hacia el mundo circundante que ese texto tuvo un día del verano de 1924, cuando apareció encabezando el primer número de *Commerce*. También para eso sirvieron las revistas, para multiplicar y complejizar los significados.

El *momento* es, para una revista, una variable capital. Mientras tiene lugar el viaje nocturno de Valéry hacia París, Breton está escribiendo el *Manifeste du surréalisme*. El exordio de *Commerce* es de agosto de 1924, en tanto que el *Manifeste* aparece en octubre –y en diciembre sale el primer número de *La Révolution Surréaliste*. Las portadas de ambas revistas parecen pertenecer a mundos incompatibles: *Commerce* con su tenue beige, el título conciso, sin especificaciones, acompañado solo de la fecha y el lugar de impresión; *La Révolution Surréaliste,* en un vistoso color naranja, con tres fotos de grupo, los miembros de la «central surrealista» fotografiados por Man Ray, como en una foto de escuela, después el nombre de una multitud de colaboradores en el sumario y, en medio, una frase altisonante: «Es necesario llegar a una nueva declaración de los derechos del hombre», a la que nada correspondía en ese primer fascículo. Péret, uno de los dos directores, había querido que el diseño gráfico se pareciera al de una revista de divulgación científica: *La Nature*. La tipografía era la que predominaba en las publicaciones católicas.

Podría pensarse que *Commerce* y *La Révolution Surréaliste* eran dos mundos muy alejados, sin nada en común. Sin embargo, a partir del segundo número de *Commerce*, encontramos a varios notorios surrealistas entre los no muy numerosos colaboradores: Aragon, «Une vague de rêves» (n.º II), que es por otra parte un informe sobre el nacimiento del surrealismo; Breton, «Introduction au discours sur le peu de réalité» y «Nadja» (n.ºˢ III y XIII); incluyendo también a los réprobos: Artaud, «Fragments d'un journal d'enfer» (n.º VII); y a los divergentes: Daumal, «Poèmes» (n.º XXIV). Vistos en retrospectiva, se diría que son textos filtrados a través de una red de malla fina de entre los pocos que quedaban vivos de la plétora, vacía en gran parte, de los escritos del grupo. El surrealismo era una especie que se agregaba al mercado de *Commerce*, limpia de residuos y de toda veleidad de disparar a las farolas.

¿Qué pasaba en aquel 1924? Según Aragon, que fue el cronista de la época, visionario y prudente a la vez, ese año se vio sacudido por una «ola de sueño»: «Bajo este número [1924] que tiende una draga y arrastra consigo una gran masa de peces luna, bajo este número adornado de desastres y con raras estrellas entre el cabello, el contagio del sueño se difunde por los barrios y los campos.» Así se explica el hecho de que *La Révolution Surréaliste,* que publica su primer número simultáneamente a la aparición del texto de Aragon en *Commerce,* lo apostara todo, y del modo más pueril, a esta palabra: *rêve, rêve, rêve,* como si repetirla fuera un medio para exaltar su poder.

También Aragon era un astuto estratega, y enseguida redactó una lista de los «Presidentes de la República del sueño» en la que –junto a Raymond Roussel, a la terrorista anarquista Germaine Berton, a Picasso, De Chirico y Freud– se encontraban los nombres de Léon-Paul Fargue y de Saint-John Perse, socios fundadores del «Comité secreto» de *Commerce.* Por muy surrealistas que fueran, los literatos no olvidaban sus antiguas costumbres.

Existió desde el principio una circulación subcutánea entre *Commerce* y *La Révolution*

Surréaliste. ¿La prueba? La frase sobre los «derechos humanos» que aparecía en el centro de la portada de la revista surrealista estaba tomada de la «Vague de rêve» de Aragon, que ese mismo otoño aparecía en *Commerce*. Solo allí se justificaba su pertinencia: «Todo lo que queda de esperanza en este universo desesperado dirigirá hacia nuestro humilde negocio sus últimas miradas delirantes: "Se trata de llegar a una nueva declaración de los derechos del hombre."» El camino para llegar a esa «nueva declaración» debía ser muy largo, porque nunca más se supo nada de ella.

Durante dos noches de enero de 1928, quince surrealistas se reunieron para llevar adelante las *Investigaciones sobre la sexualidad*, cuyos resultados aparecerían dos meses más tarde, con ese mismo título y bajo la forma de una conversación a varias voces, en el número XI de la revista del grupo, *La Révolution Surréaliste*.

La conversación se abre con una pregunta de Breton: «Un hombre y una mujer hacen el amor. ¿En qué medida el hombre se hace cargo del placer de la mujer? ¿Tanguy?» Antigua cuestión. Respuestas ambiguas. Tanguy: «En muy escasa medida.» Intervienen otras voces.

Breton dirige y juzga: «¿Naville considera entonces que materialmente el placer de la mujer y el del hombre, en el caso de que estos sucedieran simultáneamente, podrían traducirse en la emisión de fluidos seminales confusos e indiscernibles?» Naville confirma. Breton replica: «Es imposible constatarlo, a menos que se mantengan con una mujer relaciones verbales muy discutibles.»

No se dice nada más al respecto: nunca sabremos qué son estas «relaciones verbales muy discutibles». Se pasa a continuación a la homosexualidad (denominada como pederastia). Acerca de esta Queneau se atreve a decir que no tiene «ninguna objeción moral». Protestas. Pierre Unik declara: «Desde el punto de vista físico, la pederastia me disgusta del mismo modo que los excrementos y, desde el punto de vista moral, la condeno.» Queneau rebate que ha observado «entre los surrealistas un particular prejuicio contra la pederastia». En este punto Breton se siente obligado a intervenir para poner las cosas en su lugar: «Acuso a los pederastas de proponer a la tolerancia humana un déficit mental y moral que tiende a erigirse en sistema y a paralizar todas las empresas que yo respeto. Hago algunas excepciones; una, al margen de todas las categorías, en favor de Sade y otra, más sorprendente para mí mismo, a favor de Lorrain.» Dudas acerca de estas excepciones: «Entonces, ¿por qué no los curas?» Breton precisa: «Los curas son los hombres más opuestos a la instauración de esa libertad de costumbres.»

Se sigue adelante, entre sobresaltos. Prévert dice que no está interesado en hacer el amor en la iglesia, «por miedo de las campanas». Péret, siempre extremado, dice: «No pienso en ello y tengo grandes ganas de hacerlo.» Breton coincide y especifica: «Desearía que estuviera acompañado de todos los refinamientos posibles.» Péret desvela entonces cómo se propone actuar: «En tal ocasión quisiera profanar las hostias y, si fuera posible, depositar excrementos en el cáliz.» Breton no se pronuncia sobre este punto.

Se pasa a otro asunto. Se constata que «el bestialismo no le interesa a nadie». Breton retoma la dirección del juego y pregunta: «Para vosotros, ¿sería agradable o desagradable hacer el amor con una mujer que no hable francés?» Péret y Prévert no encuentran objeción. Breton, por su parte, sentencia: «Insoportable. Me horrorizan las lenguas extranjeras.»

Todo esto –y más– en la primera velada. Se podría seguir fácilmente con la segunda, que tuvo lugar cuatro días después. Pero la cuestión seguiría siendo la misma: *algunas cosas solo se descubren cuando se hace una revista.*

A casi un siglo de distancia, resulta inevitable apreciar una fastidiosa afectación lírica en los escritos de todos los surrealistas, como si un opaco diafragma les impidiera reconocer el infantilismo de sus imágenes desbordantes, así como de sus desordenados anhelos –un parvulario al borde de una masacre, de la que habían salido hacía poco, mientras otra se estaba incubando.

T. S. Eliot, que era primo de Marguerite Caetani, lanzó *The Criterion* en una situación opuesta a la parisina. Para él, en Londres no había demasiadas sino demasiado pocas revistas literarias, y menos aún que tuvieran un rasgo cosmopolita.

La primera persona a la que se dirigió –no sorprende– fue Valery Larbaud: «Estoy poniendo en marcha una nueva revista trimestral y le escribo con la esperanza de obtener su apoyo. Será pequeña y modesta en su aspecto, pero creo que su contenido será de lo mejor que hay en Londres [...]. De hecho, como usted sabe, aquí no existe ningún periódico de tendencia cosmopolita y nivel internacional.» El primer texto que Eliot le solicitó fue la conferencia de Larbaud sobre Joyce.

Al día siguiente, Eliot escribía a Hesse para pedirle «uno o dos capítulos de *Blick ins Chaos*». Y agregaba: «Usted no me conoce: me presento como colaborador del *Times Literary Supplement*», además de «corresponsal inglés de la *Nouvelle Revue Française*»; en fin, como «autor de varios libros de versos y de uno de ensayos».

También *The Criterion* tenía una dama protectora, Lady Rothermere, a quien Ezra Pound desaprobaba (con el mismo desprecio que aplicó a todo lo inglés): «Acuérdate de que no sé nada de Lady Rothermere a excepción de que, por su nombre, parece estar casada con un hombre *no* interesado en la buena literatura. A mí me interesa la civilización y no veo nada en Inglaterra que guarde relación con alguna forma de civilización futura.» Pero en la misma carta Pound señalaba como «verdadera voz de Inglaterra» el *Morning Post,* diario que atribuía todos los males a complots orquestados por judíos.

Cuando, en enero de 1926, *The Criterion* se convirtió en *The New Criterion,* pasando de la administración de Lady Rothermere a la de Faber & Gwyer, Eliot creyó que debía mostrar sus cartas y escribió un ensayo que se abría con estas palabras: «La existencia de una revista literaria requiere más de una palabra de justificación.»

No atenerse al *Never explain* de Disraeli raramente resulta propicio –y no lo fue tampoco en este caso–. Como un alumno aplicado, Eliot se encaminó pronto por el camino de la sensatez. Los colaboradores no debían ser demasiados pero tampoco demasiado pocos. Otro error que se debía evitar consistía en «incluir demasiado material o representar demasiados intereses que no sean estrictamente literarios o, por el contrario, permanecer ligados a una concepción estrecha de la literatura». No se debe tener tanto un «programa» como una «tendencia». Los autores deben compartir esa tendencia, aunque no por eso deben estar de acuerdo en todo.

Hasta aquí, nada que objetar. Sin embargo, la actitud ecuánime y prudente muestra enseguida alguna grieta. Así, se deja ver un mandoble en dirección a *Commerce,* aunque sin nombrarla, que pertenecería al género de la «revista miscelánea» y por eso es condenable, mientras que la revista que Eliot tiene en mente «debería ser un órgano de documentación. Es decir que los números de toda una década, encuadernados, deberían representar el desarrollo de la sensibilidad más aguda y del pensamiento más lúcido de esos diez años».

En este punto resulta evidente que Eliot ya no representa el papel de director imparcial sino que lo apremia lo contrario: mostrar con claridad de qué parte está y a quién *no quiere* en su revista: «Creo que la tendencia moderna va hacia algo que, a falta de un nombre mejor, podemos llamar clasicismo.» Tendencia que, bajo ese nombre torpe e inapropiado, no señalaba sin duda la de la modernidad sino la del propio Eliot en ese momento de su vida.

No bastaba con eso. Hacía falta declarar a quién se quería seguir. Aquí Eliot, con sorprendente ingenuidad, traza dos listas, la de los *buenos* y la de los *malos*. Estos últimos son los *progresistas humanitarios:* H. G. Wells, G. B. Shaw, Bertrand Russell. Apuesta previsible. ¿Quiénes son los buenos? Los dos primeros libros aprobados son las *Réflections sur la violence* de

Georges Sorel y *L'avenir de l'intelligence* de Charles Maurras (los otros libros señalados con aprobación eran de Benda, Hulme y Babbitt). El nombre decisivo es el de Maurras, porque Maurras significaba Action française, por tanto una versión bastante peculiar del «clasicismo» propugnado por Eliot. En la apertura de *Barbarie et poésie,* que había aparecido pocos meses antes, se leía: «Hemos debido agregar a la crítica literaria la acción en la plaza pública. ¿De quién es la culpa? Nadie es el responsable de que el reino bárbaro se haya establecido fuera del Espíritu, en la estructura misma de la Ciudad. El Bárbaro de abajo, el Bárbaro del Este, nuestro Demos flanqueado por sus dos amigos, el Alemán y el Judío, pusieron un yugo pesado e innoble a la inteligencia de la patria.» En cuanto al judío, «la palabra precisa parece que ha sido dicha en un famoso encuentro entre Catulle Mendès y Jean Moréas: "¡Tomar a Heine por francés!", decía el judío escandalizado. "No tiene nada de francés", replicaba el Helénico, deleitándose. "Pero", observa Mendès, "¡tampoco es alemán!" "La verdad...", comenzó, dudando un poco, Moréas. "El hecho es que es Judío", lanzó Mendès. "No me atrevía a decirlo", respondió Moréas.»

Eliot no se proponía, como Maurras, «agregar a la crítica literaria la acción en la plaza pública». Sin embargo, en lo que respectaba a los judíos, estaba de acuerdo con Maurras. Por su parte, Valéry, a quien Eliot consideraba una «mente profundamente destructiva, incluso nihilista» (pero esto no le impedía pensar que era «el símbolo del poeta en la primera parte del siglo XX, y no Yeats, ni Rilke, ni ningún otro»), precisamente Valéry seguiría dirigiendo la suerte del misceláneo *Commerce* sin caer en la trampa de *tomar posición*. Por otra parte el «clasicismo» no era una fórmula adecuada para él. Sin embargo, *The New Criterion,* hasta su final en 1939 (cuando la toma de posición se volvió un hecho obligatorio), siguió «ilustrando, dentro de sus límites, la época y sus tendencias».

Uno podría preguntarse cuándo y cómo apareció ese personaje numinoso y ominoso que fue *la mujer surrealista*. Encontramos un punto de partida en la página 17 del primer número de *La Révolution Surréaliste:* una secuencia de pequeñas fotos cuadradas de veintiocho hombres jóvenes, en orden alfabético. En el centro, más grande y también en formato cuadrado, la foto de una mujer sin nombre. Abajo se lee, en cursiva: «La mujer es el ser que proyecta la sombra más grande o la luz más grande en nuestros sueños. Ch. B.», es decir, Charles Baudelaire, el primero de los videntes.

¿Quiénes son los veintiocho hombres? Los surrealistas del momento, junto a tres de sus altos protectores: Freud, De Chirico y Picasso. En segundo lugar, en la secuencia, Artaud, «bello como una ola, simpático como una catástrofe», según Simone Kahn, la mujer de Breton. A continuación, Crevel, «el más apuesto de los surrealistas»; Carrive, el más joven (tiene dieciséis años); los últimos son Man Ray y Savinio.

¿Quién es la mujer que aparece en el centro, en una foto como de prontuario policial? Mirada melancólica y dolorida. Es Germaine Berton, hoy definida por las enciclopedias como «obrera, sindicalista, anarquista». El 22 de enero de 1923 había matado de un balazo a Marius Plateau en la sede de Action française, de la que era secretario. Asesinado por error. La autora del atentado buscaba a alguien de mayor rango, Maurras o Léon Daudet –los jefes políticos, además de influyentes literatos.

Durante el juicio por el asesinato, Aragon

escribió, para defender a la imputada, que era legítimo «recurrir a medios terroristas, en particular al asesinato, para salvaguardar, con el riesgo de perderlo todo, lo que parece –con razón o sin ella– como lo más precioso del mundo». Germaine Berton fue absuelta en 1924 y se dedicó a dar una serie de conferencias, que resultaron tumultuosas y provocaron nuevamente su arresto. No se sabe mucho más de su vida posterior; se suicidó en 1942.

La *mujer surrealista* surgía con un halo de sangre y de muerte. Existía, sin embargo, una imagen alternativa. También en el primer número de *La Révolution Surréaliste*, en la página 4, se reproducía la magnífica foto tomada por Man Ray del torso desnudo y acéfalo de Lee Miller, rayado de sombras. La *mujer surrealista* estaba compuesta de la mirada alarmante de Germaine Berton y del torso reconocible de Lee Miller.

El 15 de octubre de 1924 salió de la imprenta el *Manifeste du surréalisme* de Breton y tres días más tarde aparecía un panfleto de autores varios titulado «Un cadavre», con un texto de Breton.

¿Qué había pasado en ese intervalo? El funeral de Anatole France. Janet Flanner, la cronista más activa y más chic de aquellos años parisinos, en sus crónicas para *New Yorker* anotó: «Recuerdo que durante las exequias de Anatole France, la primera de esas ceremonias solemnes a la que yo asistí, el cortejo fúnebre fue seguido por un grupo de surrealistas que lo ridiculizaban, que despreciaban la popularidad del escritor y su estilo literario y gritaban insultos a su memoria *("Un cadavre littéraire!")* al unísono, a cada paso que daban. Fue posiblemente la primera de sus sádicas manifestaciones callejeras y fue considerada un escándalo, dado que París era tradicionalmente conocida por el gran aprecio que dedicaba a sus figuras intelectuales.»

Breton participó en el panfleto surrealista con un breve texto del que debió de sentirse orgulloso, ya que lo volvió a publicar en *Point du jour,* y en el que se leía que si el año 1924 podía considerarse feliz era porque, ante todo, había visto la muerte de Loti, Barrès y France: «El idiota, el traidor y el policía.» No era suficiente: «Con France se va un poco de servilismo humano. ¡El día en que se inhuma la astucia, el tradicionalismo, el patriotismo, el oportunismo, el escepticismo, el realismo y la falta de corazón tiene que ser una fiesta! Recordemos que los más viles comediantes de nuestro tiempo han encontrado en Anatole France un cómplice, y no le perdonamos el haber adornado con los colores de la Revolución su inercia sonriente. Para encerrar su cadáver puede vaciarse –si así se quiere– una de esas barracas de los *quais* de esos viejos libros "que tanto amaba" y puede arrojarse todo al Sena. No hace falta que este hombre, ya muerto, siga produciendo polvo.» En la densa historia de las vanguardias acaso nunca se alcanzó otro punto de bajeza comparable con este.

La algarabía surrealista por los funerales de Anatole France tuvo su contrapunto, cinco años más tarde, cerrando una década y un entero modo de vida, en el silencio ante las exequias de Hofmannsthal, acaso el único escritor que hubiera podido definirse como *europeo,* entre tantos que pretendían serlo. Rudolf Kayser lo escribió en *Bifur,* revista que aspiraba a rivalizar con *Commerce:* «Asistimos a los funerales de Hugo von Hofmannsthal. En la pequeña iglesia barroca de un pueblo, estábamos allí, oscuros y silenciosos frente al féretro, alrededor del cual reinaban, fúnebres y graves, el incienso, la música, el catolicismo. Después salimos a un día tórrido de verano. El poeta muerto y el amigo nos guiaban, pequeño cortejo de hombres vestidos de negro. En los bordes del camino estaba el pueblo, miles de hombres, mujeres, niños que nos escoltaron hasta el cementerio. Nada sabían de él, nada más allá de su destino y su nombre. Alrededor de la fosa, junto a los sacerdotes, había algunos cámaras que filmaban. Ese fue nuestro adiós.»

¿Qué pasaba antes de que la palabra «revolución» –ya irresistible– se impusiera en el título y al final exigiera ser servida *(Le Surréalisme au service de la Révolution* es de 1929)? Existía *Littérature,* revista mensual que lanzó su primer número en marzo de 1919, con un diseño gráfico nada memorable, el título subrayado, poemas en cursiva, prosa en redonda. Con mirada retrospectiva, Breton pretendió que el título debía ser entendido «por antífrasis y espíritu de mofa». Después de la sacudida de Dadá, recién llegado de Zúrich, nada podía ser tratado con obligado respeto –empezando por la literatura.

Pero no era así. Aquí todo tiene el aspecto de un prudente conciliábulo entre los poderes consolidados y los emergentes, entre notables y nuevas generaciones. Basta recorrer los nombres en el índice del primer número: Gide, Valéry, Fargue, Salmon, Jacob, Reverdy, Cendrars, Paulhan, Aragon, Breton. Todos están ahí, los que en los veinte años posteriores seguirían siendo enemigos y amigos, *séniors* y subversivos, neoclásicos y presurrealistas. Hay un juego elocuente en el orden: a la cabeza de todos, Gide y Valéry, que eran ya nombres consagrados. Después vienen los otros, en orden disperso, hasta Breton, que ya aspiraba a gobernar el juego. Resulta desconcertante leer el número completo, sin saltarse nada. Al principio, Gide ofrece fragmentos de las nuevas *Nourritures terrestres,* con un epígrafe en negrita, imperioso, que tendrán en alta estima los conocedores del *bonheur,* lema ideal para los CEO del futuro: *«Que l'homme est né pour le bonheur, / Certes toute la nature l'enseigne.»* A continuación, el «Cantique des colonnes» de Valéry, que suena ya aceptablemente vacuo.

Hagamos la prueba de recorrer el resto del número; poco a poco se consolida una sensación embarazosa, como si todo hubiera sido trazado por una misma mano, una mano que no sobresale precisamente por su talento. Incluso Fargue o Cendrars, que difícilmente se dejaban confundir con los demás, parecen achatados y disminuidos, como si se hubieran puesto un uniforme de trabajo. A todos los une el uso imprudente de imágenes gastadas y la incapacidad de precisar de qué están hablando exactamente. A un siglo de distancia, poco queda de esta *Littérature* que resulte legible. Mientras sorprende aún, en cambio, el aspecto diplomático: la foto de grupo, momentánea convergencia de ciertos nombres que iban a desaparecer de la escena poco más tarde, con un juego bien dosificado de intercambios, inclusiones y exclusiones.

La *regla del buen vecino* no se aplica solo a las bibliotecas sino también a las revistas. Puede incluso ser un criterio para pulsar su naturaleza y su calidad. Cada número de una revista puede ser observado como un todo, en el que las diversas voces se intersecan y superponen en el interior de un paisaje preconcebido, con sus setos, bulevares, fuentes y zonas salvajes.

Con la distancia del tiempo, la fisonomía de los lugares puede transformarse radicalmente, como en un juego de ironías. *Littérature,* a la que algunos de sus autores consideraban una empresa osada y provocadora, se revelaba al fin como una colección de blandos textos líricos, en la que el coeficiente de novedad resultaba prácticamente nulo y, sobre todo, empalagoso.

Era la época de las *plaquettes,* esos libros delgados, que no superan las cien páginas, a veces inferiores a cincuenta, con un diseño gráfico elegante por lo general, con tiradas escuetas y casi siempre numeradas, publicadas por editores que se dedicaban exclusivamente a ellas (Au Sans Pareil, K, GLM, L'Âge d'Or, entre otras). Conformaban un polvillo que flotaba sobre los libros normales, en las mesas de todas las librerías. Los autores podían serlo de varias *plaquettes* y de ningún libro. Existían coleccionistas –de *plaquettes* y de autógrafos–. Max Jacob se vio sorprendido por la necesidad de copiar rápidamente y en varios ejemplares algunos de sus poemas, que iban a ofrecerse como versiones originales a algunos admiradores que los esperaban. Se apreciaban sobre todo los *grands papiers,* los ejemplares raros en papeles especiales. Ese fue el último periodo de una edición paralela y morganática, de la que vivieron por largo tiempo los anticuarios de lo nuevo, en cuyas tiendas, habitualmente dedicadas a los pergaminos, había mucho por descubrir. Esas *plaquettes*, como embalsamadas, reaparecían más tarde en las vitrinas de Hune, cuidadosamente dispuestas, cuando, mes tras mes, se *redescubría* a alguien: Artaud, Crevel, Desnos, Vaché o Cravan. Fue una larga estela de papel que no dejó de aflorar hasta finales de los años setenta.

El último número de *Commerce* se publicó en 1932, pero la revista siguió siendo influyente a lo largo de toda esa década. El formato semejante a un cuadrado, el título alusivo y separado del resto en la portada, la ausencia de cualquier leyenda o subtítulo, los nombres de los directores en la contraportada, la preponderancia de textos originales que, en cada número, se mezclaban con algo del pasado y con algo de cultura oriental: son características de *Commerce* que encontramos en *Bifur* y en *Mesures*. Como sucedió con *Commerce*, *Bifur* y *Mesures* difundieron escritores extranjeros hasta entonces desconocidos en Francia, que iban a volverse algo así como emblemáticos de la revista: Gottfried Benn para *Bifur*, ya desde el primer número, con «Élément premier»; Kavafis, para *Mesures,* introducido por Yourcenar como «uno de los poetas más célebres de la Grecia moderna, y uno de los más grandes, el más sutil y acaso el más singularmente nuevo, y al mismo tiempo cargado de riquezas del pasado», seguido a continuación, en feliz combinación, por el «Monte análogo» de Daumal.

El carácter cosmopolita se declara en la lista de los «consejeros extranjeros» de *Bifur:* Bruno Barilli, Gottfried Benn, Ramón Gómez de la Serna, James Joyce, Borís Pilniak, William Carlos Williams (aunque, en verdad, solo este último dio a la revista una contribución reconocible). La lista es variada y de primer nivel, aunque ser cosmopolita nunca es fácil.

Nino Frank, el verdadero inventor de la revista junto a Ribemont-Dessaignes, estaba pensando en pasar una temporada en Berlín, por motivos personales, cuando le llegó la noticia del incendio del Reichstag. Era un buen pretexto para hacerse pagar un servicio por el *Paris Journal.* Pero –precisa Frank– la mañana misma de la partida «había ya olvidado el motivo oficial de mi viaje». Se encontró con que era el único pasajero de su vuelo. Al aterrizar en Tempelhof lo detuvieron de inmediato para interrogarlo, con una suerte de brusca cortesía.

Berlín le resultó una ciudad de hombres que «pasaban, según me parecía, sin ojos, a excepción de algunas mujeres, con aire desamparado y nervioso», mientras se advertía un ruido de fondo: las alcancías metálicas sacudidas por los SA, que imponían donaciones al caminante. Antes de volver, Frank pensó que le faltaba una última visita, vinculada a *Bifur*. Recordaba: «Algunos años antes, un señor digno y corpulento, de cráneo desnudo, con los ojos protegidos por gafas con montura de oro, había tocado a mi puerta; yo estaba mal predispuesto con los inoportunos. No conseguimos entendernos, porque él hablaba solo su lengua y yo hablaba de todo menos alemán. Era Gottfried Benn, con el que había intercambiado algunas cartas y con quien, a falta de algo mejor, intercambiamos fuertes apretones de mano.»

Frank sabía, acerca de Benn, que era «el único poeta de su país que, desde principios de los años treinta, tenía una cierta densidad, que publicaba poco y era de una incandescencia más bien glacial. Intraducible, según me explicaron, lo mismo que se decía, más o menos por los mismos años, de Borís Pasternak». Invitado a su casa, Frank se encontró en «una calle pobre en la que vivía; al llegar a su puerta leí que estaba tocando el timbre en el consultorio del doctor Gottfried Benn, especialista en enfermedades venéreas. Una enfermera me introdujo en su consultorio, donde encontré, vestido con un largo delantal blanco, al hombre de los anteojos de oro: sus maneras eran amables y vagamente ceremoniosas y, entre un paciente y el otro, tuvimos una singular conversación». Frank quería saber algo sobre el estado de las cosas en Alemania; Benn hablaba de su «itinerario poético». Por momentos se interrumpía, «lanzándome una mirada un poco torva, después seguía hablando de Dehmel o de Hofmannsthal... "Pesimismo heroico", decía en francés, con un acento trabajoso. Como yo aprovechaba cualquier hueco para mencionar a Hitler y el Reichstag, él apartaba estos nombres, con un gesto un tanto irritado; después, al verme consternado, señalaba que había que dejarlos hacer, sin animadversión, y ver si conseguían hacerlo mejor que los otros». Pero algo no funcionaba en esa conversación. Entonces, con «una pirueta inesperada para un personaje de tal solemnidad», Benn se puso a hablar de gonococos y treponemas. La sífilis, decía, no era un gran problema y sí lo era, en cambio, la blenorragia. Mientras tanto, «los cristales vibraban con fuerza por el ruido de los motores del cercano aeropuerto».

La política apremiaba. En diciembre de 1930 Hitler había aparecido en *Bifur,* en forma de errata. «Por una parte, la multiplicación de los partidos burgueses y su colapso; por la otra, el crecimiento del movimiento de Hittler fueron las características de las elecciones al Reichstag»: esto se leía en el artículo de Weiskopf acerca de los últimos comicios alemanes, en la apertura del número, como primera intromisión de la actualidad en la revista. Weiskopf era miembro de la Asociación de los Escritores Proletarios y su artículo, con mucha probabilidad, fue una imposición de Pierre G. Lévy, promotor de la revista, quien, como burgués acomodado y devoto de lo moderno, «se inclinaba cada vez más hacia el marxismo militante» (en palabras de Ribemont-Dessaignes). Al mismo tiempo, en su esnobismo impertérrito, había lanzado la revista para asemejarse en cierto modo a la princesa de Bassiano, que dirigía *Commerce.*

Había otros que mordían el freno, ávidos de truculencias políticas. Pocas líneas más abajo del artículo de Weiskopf encontramos a Pierre

Nizan, que tenía veinticinco años por entonces, quien se definía como «filósofo, viajero y
comunista» y escribía: «¿Por qué debería es-
conder mi juego? Digo sencillamente que existe una filosofía de los opresores y una filosofía
de los oprimidos.» Ya se sentía el aire de los
años treinta. Todo sonaba con estridencia. Había dado comienzo la gran carrera por ver
quién conseguía oprimir mejor, siempre en
nombre de alguna opresión repentina.

El número siguiente de *Bifur* se abría con la
traducción de «¿Qué es la metafísica?» de Heidegger, firmada por Henry Corbin y con una
introducción de Koyré, con estas palabras: «En
el firmamento filosófico de Alemania la estrella de Heidegger brilla con un esplendor de
primera magnitud. Según algunos, no es ni siquiera una estrella sino un nuevo sol naciente
cuya luz eclipsa a todos sus contemporáneos.»
Eran muchos, y muy diversos, los juegos si-
multáneos.

Se anunciaba por entonces el inicio de un
Gran Juego que aún sigue vigente. «"Le Grand
Jeu" es irremediable y se juega una sola vez.
Nosotros queremos jugarlo en cada instante
de nuestra vida. Además, "quien pierde gana".

Porque se trata de perder. No queremos ganar. Ahora bien, "Le Grand Jeu" es un juego de azar, es decir de destreza, mejor: de "gracia" la gracia de Dios y la gracia de los gestos.» Son palabras de Gilbert-Lecomte, con las que se abre el primer número de *Le Grand Jeu,* en el invierno de 1928. Palabras que escapan a la tela de araña del surrealismo. De repente aparece la «gracia de Dios» –impensable en otro lugar– y «la gracia de los gestos». Este fue el punto que indignó a Breton y a Aragon, momentáneas reencarnaciones de Monsieur Homais, y transformó a sus ojos a los muchachos de *Le Grand Jeu* (Daumal tenía veinte años, Gilbert-Lecomte, veintiuno) de posibles aliados en seguros réprobos. La acusación más grave para atacar la revista fue «un uso constante de la palabra "Dios" agravado por el hecho de que en uno de los artículos se precisa que se trata justamente de un único Dios en tres personas». Acusación a la que se agregaba «una frase lapidaria referente a la preferencia dada a Landru sobre Sacco y Vanzetti».

Algo radicalmente distinto, ya dispuesto a la fuga, sonaba ahí. No ya la disputa literaria, ni siquiera el choque entre sectas de la vanguardia, sino la apelación a una «experiencia fundamental», como la llamará Daumal, de la que debía derivarse todo lo demás, incluida la escritura. Y, obviamente, la propia revista.

De *Le Grand Jeu* se publicaron solo tres números y la revista cerró en otoño de 1930. Desde las primeras líneas se advertía un «aire de otros planetas». Era una revista que se despedía del mundo de las revistas, y en particular se diferenciaba, antes incluso de ser expulsada, del temperamento surrealista, que lo impregnaba todo (un todo en buena medida coincidente con el *Sixième arrondissement)*. La señal definitiva de esta distancia se puede encontrar en dos páginas de Daumal aparecidas en el número II de *Le Grand Jeu,* bajo el título de «Una vez más sobre los libros de René Guénon». Allí se lee que Guénon «habla del Veda, piensa el Veda, es el Veda». Palabras que, más que describir a Guénon, anunciaban lo que Daumal iba a ser, como intérprete y traductor de los textos sánscritos, hasta el final de su vida.

¿Por qué se terminó la época de las revistas? Principalmente porque decayó –haciéndose más débil y difusa– la atracción irresistible por *lo nuevo. «Au fond de l'Inconnu pour trouver du nouveau»:* sigue siendo el verso o la frase de

Baudelaire que señala los rasgos esenciales de lo Moderno. Lo *nuevo* que buscaba y encontraba Marguerite Caetani al principio de *Commerce* no era el mismo *nuevo* que ella misma buscaba y ya no encontraba veinticinco años más tarde, en el comienzo de *Botteghe Oscure*. Todos seguían *haciéndose* los modernos, pero era ya una forma de reconocimiento mundano. Incluso cuando lo nuevo había sido verdaderamente *nuevo,* no siempre era lo que pretendía. A casi un siglo de distancia sorprende el lastre de lo *viejo* que pesaba sobre toda la vanguardia. Había una amalgama entre arte y esnobismo que lo sostenía todo. Después esa amalgama, poco a poco, se deshizo. Avanzaban «cargando su propio cadáver a la espalda», dijo Gilbert-Lecomte, potencialmente el más lúcido entre los mutantes. Era necesario «cambiar de plan», dijo Daumal, el primero que jalonó esa empresa, encaminándose hacia el Monte Análogo. Llegados a ese punto, ya no se hablaba de revistas literarias: ya no hacían falta.

Es obvio que en aquellos años, entre 1920 y 1940, florecieron notables revistas también en otros países: en Alemania, Inglaterra, Italia o Estados Unidos. Sin embargo, en París se daba una concentración en el espacio que no tenía equivalentes en ningún otro lugar. Todo sucedía en el *Sixième,* con ocasionales incursiones en el *Septième* y en el *Cinquième.* Se decía que los redactores de *Bifur* no tenían más que pasar cada día por el Flore o el Deux Magots para llenar el sumario de la revista.

Cioran contaba que una amiga suya, temperamental y tormentosa, había abandonado París repentinamente y durante años no había dado señales de vida. Un día llegó una carta suya, donde intentaba resumir lo que había sucedido en su vida en todo ese tiempo. Después le preguntaba a Cioran cómo le había ido a lo largo de todos aquellos años. Cioran respondió con una tarjeta lapidaria: «He pasado del *Cinquième* al *Sixième.*»

Hubo otras manifestaciones significativas en las revistas parisinas de los años treinta. Cada una de ellas representaba una variante: antropológica (en el sentido de Mauss) en *Documents* de Bataille, militante-delirante con *Acéphale,* autocelebratoria del modernismo en *Minotaure* (cuyo editor, Albert Skira, vivía en Ginebra, aunque la revista no dejaba de ser parisina), filiaciones de *Commerce* con *Mesures.* Pero el concepto y los sobrentendidos de la revista hecha por pocos y para pocos, con ambiciones totales o ilimitadas, eran los mismos. Eso fue lo que, progresivamente, se atenuó, hasta disolverse, después de 1945. El tejido común fue desapareciendo. La literatura se disponía a transformarse en lo que iba a ser en el nuevo milenio: un hecho de individuos solitarios, tenazmente separados entre sí.

En su número 1, de marzo de 1964, *Art and Literature* se definía como *«An International Review»* y sin duda lo era. Aparece allí un texto de Cyril Connolly que se lee como una oración por la muerte de las revistas literarias («Fifty Years of Little Magazines»): «Las revistas literarias son polinizadoras del arte: sin ellas las corrientes literarias y, en el fondo, la literatura misma no existirían. Buena parte de la poesía de Yeats, Pound y Auden apareció por primera vez en revistas, igual que *Retrato del artista adolescente, Ulises, Finnegans Wake* y casi todos los cuentos de Hemingway. Una buena revista mantiene unidos a los escritores, incluso a los más aislados, y los pone en situación de influir en su tiempo; y cuando ese tiempo ha pasado se le dedica un número especial, como digna ceremonia fúnebre.

«Existen dos tipos de revistas, las dinámicas y las eclécticas. Algunas de ellas florecen gracias a lo que incluyen, otras gracias a lo que dejan fuera. Las revistas dinámicas tienen una vida más breve, y a su alrededor se cristalizan el glamour y la nostalgia. Si duran un poco más se vuelven eclécticas, mientras que raramente sucede lo contrario. También las revistas eclécticas pertenecen a su tiempo, pero no pueden ignorar el pasado ni oponer resistencia a una buena pluma del campo adversario. Un director dinámico guía su revista como un comando de hombres escogidos y entrenados para asaltar la posición enemiga. El ecléctico, en cambio, es como el propietario de un hotel que tiene siempre las habitaciones ocupadas, pero con clientes distintos cada mes.

»Para dar algunos ejemplos: *The Yellow Book* fue ecléctica; *The Savoy,* dinámica; *The Little Review,* dinámica; *The Dial,* ecléctica; *Transition,* dinámica; *Life and Letters,* ecléctica (como *The Criterion* y *The London Mercury),* *Les Soirées de Paris,* dinámica; *la Nouvelle Revue Française,* ecléctica; *New Verse* y *New Writing* (hasta 1940), dinámicas; *Horizon,* ecléctica; *Verve,* ecléctica; *Minotaure,* dinámica, etc. Un director ecléctico siente el deber de preservar ciertos valores, reexaminar a grandes escritores, desenterrar a otros. Un director verdaderamente dinámico, en cambio, ignorará por completo el pasado: su revista tendrá vida breve, y sus autores serán violentos y oscuros. El ecléctico correrá siempre el riesgo de volverse complaciente y conformista: durará mucho tiempo y pagará mejor. La mayor parte de las revistas trimestrales son eclécticas: tienen muchas páginas y el paso del tiempo las afecta menos.»

Muy poco se podría agregar después de casi sesenta años, excepto que se ha vuelto improbable incluso la existencia de una mente que, como la de Connolly, pudiera formular semejante oración fúnebre. Fundamentada en los hechos, por otra parte, dado que Connolly había dirigido *Horizon* entre 1939 y 1949, es decir, en los años fundamentales de esa breve historia que cuenta con la ventaja de presentarse con un principio y un final bien definidos, como algunos cuentos de Hawthorne.

3. Nacimiento de la reseña

Los orígenes de los géneros literarios suelen estar envueltos en niebla. Tenemos los 1.028 himnos de los *R̥gveda*, pero nadie se atrevería a decir qué hubo antes de ellos. Tenemos la *Ilíada* y fragmentos de los poemas del «ciclo épico», pero ni los más temerarios filólogos clásicos osarían precisar cuál fue el primer *epos* griego. Sin embargo, existe un género literario menor –hoy observado con recelo e impaciencia– cuya fecha de nacimiento podemos establecer con certeza: se trata de la reseña. Esa fecha fue el 9 de marzo de 1665, cuando el *Journal des Savants* publicó una breve reseña –modelo de todas las siguientes–, escrita por Madame de Sablé, sobre un libro que, desde entonces hasta hoy, ha tenido un enorme éxito: las *Maximes* de La Rochefoucauld. Según las palabras de Sainte-Beuve: «Los diarios se interesaron por ellas; cuando digo *diarios* me refiero al *Journal des Savants*, el único que existía ya por entonces, desde hacía unos pocos meses.» Para ser exactos, tres meses. El artículo de Madame de Sablé, en su extensión original, no abarca más de una página y media, y sería difícil encontrar un ejemplo de reseña más perfecto, preciso y luminoso. Sin embargo, no apareció en esa versión en el *Journal des Savant* sino en una *corregida* –y corregida por el propio autor del libro del que se trataba.

A La Rochefoucauld y Madame de Sablé los unía una estrecha amistad y complicidad. Ocurrió que Madame de Sablé no solo mandó copiar las *Maximes,* haciéndolas circular en manuscrito, entre miles de ardides y cautelas, en un círculo de lectores y lectoras apropiados, sino que tuvo la amabilidad de someter al autor en cuestión la reseña que acababa de escribir. Sabía bien que su amigo tendría, con toda seguridad, algo que decir, a pesar de que la reseña no era sino un ramillete de elogios. Al enviar el texto a La Rochefoucauld, lo acompañó con una tarjeta en la que se alcanza la cumbre inigualada de las *maniere* (y de la elegancia, además de la afectuosa ironía) que un crítico puede mostrar hacia un autor acerca del cual escribe: «Os envío lo que he sido capaz de sacar de mi cabeza para el *Journal des Savants*. He puesto el pasaje al que tenéis tanto afecto [...] y no he temido ponerlo porque estoy segura de que no lo haréis imprimir, aunque el resto os guste. Os aseguro que os estaré más agradecida si lo usarais como cosa vuestra, corrigiéndolo o echándolo al fuego, que si le hicieseis un honor que no merece. Nosotros, los otros grandes autores, somos suficientemente ricos como para temer la pérdida de nuestras producciones...» No se sabe qué admirar más en esta tarjeta de alta sabiduría, pero acaso el premio sea para el uso inopinado de la palabra «producciones».

Madame de Sablé había adivinado a la perfección el comportamiento que tendría su querido amigo reseñado. Sainte-Beuve lo contó como un cronista malicioso y escueto: «M. de la Rochefoucauld, que tan mal había hablado de los hombres, revisa su propio elogio para un diario; solo elimina lo que le disgusta. En efecto, el artículo salió en el *Journal des Savants* el 9 de marzo; si se lo compara con el borrador, el pasaje que Madame de Sablé definía como *sensible* ha desaparecido. Nada queda de este segundo párrafo: "Unos creen que es un ultraje para los hombres dar de ellos una representación tan terrible, y que el autor no ha podido tomar como modelo a nadie sino a sí mismo. Dicen que es peligroso sacar a la luz pensamientos de tal género y que, una vez demostrado con semejante claridad que no se hacen buenas acciones sino sobre la base de malos principios, ya nadie se preocupará en buscar la virtud, dado que es imposible poseerla, excepto en la idea."» De este modo, lo eliminado por La Rochefoucauld eran las líneas más significativas –y definitivas– de la reseña. Incluso en las intervenciones menores, que el autor no se ahorró, se trata siempre de correcciones que empeoran el original. Allí donde Madame de Sablé hablaba de «una gran penetración en el conocimiento de la verdadera esencia del hombre», La Rochefoucauld lo sustituyó por una versión banal: «Una gran penetración en la discriminación de la variedad de los sentimientos del corazón humano.» Como preparando ya una *quote* para citar en la cubierta del libro en una edición futura, el autor deformaba otra frase de Madame de Sablé transformándola en esta: «Las personas juiciosas encontrarán una gran cantidad de cosas muy útiles.» En el esfuerzo por *mejorar* lo que era ya excelente, La Rochefoucauld terminó por expurgar la frase más memorable de la reseña, que la abre como a golpe de platillos: «Es un tratado de los mecanismos del corazón humano, de los que se puede decir que han permanecido ignorados hasta este momento.» Nada más radical y atrevido se hubiera podido escribir de las *Maximes* de La Rochefoucauld. Pero el autor de la obra no dudó en tachar estas palabras. Acaso para evitar que causaran miedo, incluso a sí mismo.

4. Cómo ordenar una librería

Cuando me propusieron hablar para esta ocasión, me acordé de que algo semejante me había sucedido hace exactamente quince años. Entonces había hablado de un tema muy caro a todos los libreros y a los frecuentadores de las librerías: la variedad. Hoy quisiera hablaros acerca de cómo ordenar una librería. Ambos temas se superponen en buena medida. Al leer la transcripción de lo que dije hace quince años, me he dado cuenta de que los argumentos son prácticamente los mismos, debido, además, a que las cosas esenciales tienen una peculiar tendencia a no cambiar. Por otra parte, he cobrado conciencia, con un ligero sobresalto, de que en el discurso de entonces faltaban dos palabras que, en el ínterin, han ocupado obsesivamente la escena: e-book y Amazon. Faltaban porque no existían. Solo a partir de 2010 esas dos palabras se han vuelto dominantes. Es decir que, si bien los argumentos de hace quince años podrían permanecer intactos, al mismo tiempo sonaban como si provinieran del otro lado de una grieta geológica profunda e insondable. Sin duda había tenido lugar, a lo largo de esos quince años, algún desequilibrio profundo.

Empezamos por el caso visiblemente más sencillo: el e-book. Objeto de una obsesión colectiva, durante algún tiempo floreció como una planta tropical para marchitarse a continuación con la misma rapidez. Hoy parece asentado que el e-book es una modalidad de lectura entre otras y que seguirá existiendo sin por ello causar un daño irreparable al libro de papel, tal como algunos profetizaron y como, en cambio, sí ha sucedido en la industria discográfica tras el impacto de los medios electrónicos. Retrospectivamente, se puede decir que durante algún tiempo el e-book ofreció a muchos, sobre todo, la oportunidad de decir tonterías de diverso género. Recuerdo una voz y una noche de verano, en una casa de estilo californiano en una isla griega muy poco habitada. La voz era la de una señora de buena posición, de cultura cosmopolita, que declaraba su entusiasmo por los e-books porque le permitirían *hacer limpieza* de su casa, eliminando de una vez para siempre esos incómodos objetos de papel que sobresalían en todos los rincones y atraían el polvo: los libros.

En cuanto a Amazon, el caso es más complejo y mucho más relevante. Es necesario, aquí, dar un paso atrás. Cuando aparecieron los primeros libros de Adelphi, en 1963, nadie imaginaba que medio siglo más tarde la máxima concentración de dinero se derivaría no del petróleo sino de la publicidad. Algo que incluso a los senadores estadounidenses les costó comprender hace pocos meses, cuando Mark Zuckerberg pronunció las tres palabras que se han convertido en la insignia del tercer milenio: *«We run ads»*, «Colocamos publicidad». Esas palabras eran la respuesta a un senador que no conseguía explicarse el modo en que Facebook ganaba dinero, mucho dinero. No menos fácil de imaginar era que un vendedor de artículos varios al por menor se volviera el hombre más rico del mundo. No era una rareza, sino una más de las diversas consecuencias de la entrada en la era digital.

Con sólidos argumentos, una gran parte de

la humanidad, tanto en Oriente como en Occidente, se dedica a comprar una enorme cantidad de artículos y de servicios por vía electrónica y en tiempos muy breves. Amazon se ha vuelto el emblema de ese cambio –y es elocuente el hecho de que sus primeras aplicaciones estuvieran reservadas a los libros, territorio modesto desde el punto de vista económico, en el que la compra requiere con frecuencia una búsqueda accidentada y frustrante–. Lo que sucede con los libros es solo un atisbo de un proceso irreversible y omnipresente, que solo puede perfeccionarse. Todo intento de oponerse a este proceso es puro *wishful thinking,* fundado sobre valoraciones ilusorias de las fuerzas en juego. Ninguna cadena de librerías podrá nunca competir con los enormes almacenes de Amazon y con su capacidad para proveer el producto en tiempos mínimos. Esto tiene evidentes consecuencias para las librerías, aunque no precisamente las que parecía en un principio. Las tiendas que hoy corren mayor riesgo son las más grandes, porque de golpe se revelan ineficaces por cuanto no son *suficientemente grandes*. Por otra parte, si crecieran todavía más alcanzarían dimensiones desproporcionadas para el mercado del libro, que no deja de ser un pequeño mercado y aspira, como máximo, a permanecer estable. En este punto debiera hacerse evidente que el cambio radical en el mundo de los libros no es sino una de las manifestaciones de un cambio más vasto y que lo abarca todo.

Hoy el libro es algo que vive en los márgenes –casi como un reflejo– respecto de un magma en perpetuo cambio, que se manifiesta *en las pantallas*. El mero hecho de que se trate de pantallas y no de hojas de papel es una diferencia gnoseológica, no solo funcional. Pasará algún tiempo antes de que se empiece a comprender qué ha comportado, en el aparato del conocimiento, este deslizamiento de la página a la pantalla. Y el modo en que ello ha conducido a cancelar progresivamente la posibilidad de mirar el mundo como un *Liber mundi,* incluso cuando ese modo de mirar es sin duda la base de nuestro pasado más iluminador, por lo menos hasta las *correspondances* de Baudelaire. Este proceso global es asimismo muy visible en los libros que se escriben en la actualidad. Los escritores son considerados ahora como un sector de los *productores de contenidos* y muchos se congratulan por ello. Lo cual presupone la obsolescencia de la forma; y donde no hay forma no hay literatura. Todo esto ayuda a comprender la sensación de angustia y de corto aliento que la literatura del nuevo milenio provoca. Para percatarse de ello bastaría con compararla con los libros de los últimos veinte años del siglo XX. Comparación que resultaría aplastante, y no precisamente a favor del presente.

¿Cómo se trasluce este panorama en la vida diaria de un librero? Empecemos por el primer paso: se entra en una librería, se mira alrededor. Si no solo se quiere comprar un libro determinado sino también ver qué otros libros se ofrecen, surgirá enseguida una pregunta: ¿qué criterio presupone el ordenamiento y la disposición de los libros? Aquí se verifica una primera división, decisiva: la librería en la que nos encontramos, ¿es una tienda de artículos varios, mayoritariamente de papel, que responde a supuestas preferencias de los clientes? ¿O es también algo más? Para comprenderlo es necesario hacerse otra pregunta: esta librería, ¿presupone una noción de esa entidad sin márgenes, siempre mal definida y siempre determinante, que se suele llamar *literatura*? Si la librería tiene relación con la literatura, el hecho no podrá sino resultar evidente, por ejemplo en el orden y la disposición de los libros.

¿Y si se trata de una tienda de artículos varios, como tienden a ser en la actualidad todas las cadenas? Por variada que sea la oferta, será siempre muy inferior a la disponible en Amazon. Todo gran almacén será siempre, en comparación, un minúsculo almacén. El tiempo y la energía requeridos para obtener los diversos artículos tenderán a reducirse en favor de Amazon. Consecuencia inmediata: la librería como gran emporio, en la que en principio se encuentra de todo, no parece tener un futuro brillante. Entonces, ¿qué pasará con el otro tipo de librería, que presupone la noción de literatura? Para esta librería se abre un único camino: apuntar a algo que por la vía electrónica no se puede obtener: el contacto físico con los libros y la *calidad.* ¿Qué es la calidad? No existe una pregunta más difícil. En la célebre novela de Robert Pirsig *Zen y el arte del mantenimiento de la motocicleta,* una de las más memorables de la segunda mitad del siglo XX, un padre y un hijo atraviesan Estados Unidos en moto tratando de comprender qué es la calidad basándose en el *Fedro* de Platón. No llegan a un resultado concluyente, del mismo modo que los neurocientíficos de hoy, que escriben acerca de las *qualia* sin llegar a decirnos nada esencial. Sin embargo, la calidad –inasible, indefinible, elusiva– sigue siendo una presencia constante en lo que cada uno experimenta. La calidad *califica* cada instante, del mismo modo en que el lenguaje nos impulsa a hablar.

En lo que respecta a una librería determinada, ¿cómo se manifiesta la calidad? La respuesta es inevitablemente empírica y, en buena medida, hipotética. Puede suceder que la calidad pertenezca ante todo al *lugar*. La librería deberá presentarse como un lugar en el que se quiera entrar, con la misma naturalidad con que, en el Londres del siglo xix, algunos entraban en su club o en su pub preferido. Aquí, sin embargo, no es necesario conocer a los otros socios o parroquianos. Los socios serán ciertos libros que se encuentran sobre las mesas o en los estantes. La librería debería ser el lugar en el que *del modo que sea* se encontrará algo que queramos leer. Ya se trate de una novedad recién salida de la imprenta o de la traducción de un texto cuneiforme.

Una primera condición para que esto suceda es que en la librería uno también pueda *sen-*

tarse. Bastan dos o tres sillas o bancos y una mesa en la que apoyar los libros. O, en los casos más afortunados, incluso una butaca o un pequeño sofá. Sé que aquí toco un punto sensible para todo librero, que lucha constantemente para explotar al máximo cada centímetro, en el intento de incrementar el espacio expositivo de los libros. Pero esto puede ir contra el interés de la propia librería. Si en una librería solo se puede estar de pie, no se podrá realizar un gesto que ningún vendedor electrónico puede ofrecer: hojear un libro, leer las solapas, dejar que la vista caiga sobre una página cualquiera, tener el libro en la mano y considerarlo como un objeto, atractivo o chocante. Quienes hojean un libro de pie lo hacen, por lo general, con una actitud furtiva, se cansan enseguida, no compran o molestan a los otros clientes. Por eso la posibilidad de sentarse debería formar parte de la fisiología precisa de una librería, y es lo que puede distinguirla de las otras.

Está también la cuestión de la variedad, que se revela sobre todo en las estanterías, dado que las mesas próximas a la caja se reservan generalmente para las novedades. Si un librero tiene sensibilidad para la calidad en la escritura –y si no tiene esta sensibilidad se ha equivocado de profesión–, una consecuencia inmediata podría ser la de identificar y poner en evidencia, con un letrero bien diseñado, la primera categoría de los libros de que dispone, con el rótulo *Autores* (aunque tampoco estaría mal *Escritores)*. Los escritores, en la mayor parte de los casos, practican géneros diversos: es frecuente que un novelista escriba también ensayos, panfletos, diarios, reportajes, relatos de viaje o memorias. Todos esos títulos forman parte de su obra. Las *Lecciones de literatura* de Nabokov deberían estar junto a *Lolita*. De este modo, el lector de ese escritor tendría la oportunidad de ver reunido lo que le interesa. A una distancia de casi dos siglos, el librero de hoy es un destinatario natural de la célebre observación de Goethe, en una de sus conversaciones con Eckermann, en enero de 1827, según la cual el mundo estaba entrando en la *Weltliteratur,* es decir, en la «literatura universal», en la que lo importante no es ya el lugar de origen de los escritores sino su destino: la literatura, sin más añadiduras. Las estanterías dedicadas a los escritores podrían, por tanto, titularse *Weltliteratur,* a pesar de que la palabra, como todos los términos compuestos del alemán, puede provocar algún desconcierto. Mejor, entonces, simplemente «literatura». Pero la dificultad surge precisamente con la palabra «literatura», que se ha difuminado progresivamente en los primeros años del nuevo milenio. La literatura es algo que puede tener su origen en cualquier punto, pero que constituye siempre un reino separado, al que se accede por un umbral que solo es perceptible cuando ya se ha franqueado. No son muchos los libros en los que esto sucede, entre los muy numerosos que existen. Tampoco son muchos los lectores que saben distinguirlos como tales. El librero ideal debería ser uno de ellos.

No hay duda de que se impondría de inmediato la cuestión de qué admitir en esta zona de la literatura, separada de aquella de los libros efímeros, cuya existencia dura dos meses y después desaparecen para siempre. Exactamente en este punto el librero debería ejercer su función de primer crítico. La crítica, en su acepción exacta, implica una *criba*. Función paradojal, porque se funda en un inevitable no conocimiento o en un conocimiento aproximativo o sumario del objeto. Aquí interviene asimismo otra virtud indispensable para el librero: el olfato, la capacidad de orientarse, que implica ante todo la capacidad de separar las categorías. La primera operación debería ser la de establecer qué entra y qué no en la categoría de los autores. Ya oigo las voces de quienes consideran esta idea como una indebida práctica discriminatoria. Sin razón, porque obviamente no existe (por fortuna) un canon de los escritores y cada librero decidirá según su arbitrio –sin perder de vista los criterios de rotación– qué escritores escogerá. Usando como principal criterio la *potencialidad de durar* en las inclinaciones de los clientes. Obviamente, todos los escritores que no son incluidos encontrarán un lugar en otras zonas de la librería, en la narrativa, la ensayística o en las otras categorías.

Queda por resolver otra cuestión, sutilmente apremiante: ¿cómo deberá comportarse el librero con los libros malos que, sin embargo, se venden? ¿Deberá excluirlos, con desdén? ¿O deberá darles un espacio vistoso, con la esperanza de incrementar sus ganancias? Deberían evitarse ambas soluciones. El librero, con cruel pericia, debería tomar nota de cuáles de esos libros son especialmente requeridos en su establecimiento. Y tener en cuenta las clasificaciones, que en el mundo informatizado se han vuelto dignas de atención. Usando estos dos únicos criterios podría encontrar un espacio adecuadamente circunscrito en el que alojar, en pilas adecuadas, solamente aquellos libros malos que se vendan bien. En efecto, en buena medida, los libros malos *aspiran* a ser vendidos pero, finalmente, no se venden. Acaban por volverse una fatal molestia, que desnaturaliza el carácter de una librería. Para el buen librero, el mayor peligro radica en la superpoblación de sus mesas con libros que no le interesan ni a él ni a sus clientes. El uso del espacio es cosa vital y decisiva en una librería, como en cualquier casa, donde un buen criterio es no acoger nada que no sea placentero a la vista.

Todo esto puede parecer muy sencillo y obvio, pero el hecho es que nunca se pone en práctica. Las librerías suelen dividir sus espacios entre narrativa y ensayo, con ulteriores subdivisiones –ninguna, que yo sepa, acepta el criterio de introducir entre las categorías la de *Autores,* alojando en lo posible una muestra significativa de su obra, ya sea narrativa o ensayo o memorias–. Sin embargo, precisamente este podría ser un recurso muy útil para el propio librero, quien podría de este modo escoger, guiándose solamente por su criterio, qué cosa no pertenece a las fruslerías que, de otro modo, tienden a acumularse en su negocio. Así podría orientarse con mayor facilidad entre sus propios libros.

¿Cuál sería, por otra parte, la ventaja de todo esto para el cliente? Saber con certeza dónde dirigirse para encontrar lo que busca, sea novedad o no. Sentirse en casa frente a una pared cubierta de libros, que lo acogen con «miradas familiares». Allí podrá encontrar el libro que hasta entonces ignoraba de un autor que le gusta o un autor que aún no ha leído pero por el que siente curiosidad. Allí, en la selección de los autores presentes en esa pared, se verá la primera diferencia entre una y otra librería. Allí se establecerá con mayor facilidad una relación de simpatía y de afecto entre el cliente y esa librería en particular. Después de lo cual el cliente podrá pasar a otras secciones de la librería y acercarse a libros sobre los que le ha llegado alguna noticia a través de diversos medios. En definitiva, solo veo ventajas para un ordenamiento de este tipo, aunque me doy cuenta de que se opone a las inveteradas costumbres de la librería.

Existe además la idea, cada vez más difundida, de que los libros por sí solos *no bastan*. Se dice que sería necesario asociarlos al menos a un café o cualquier otro servicio de bar. Quizás un espacio de juegos para niños. Recuerdo una gran librería de la cadena Tsutaya, en Tokio. Al entrar, no se tenía casi la sensación de encontrarse en una librería. Había, sí, muchas estanterías, más bien bajas, pero también fotografías de diversos temas, enmarcadas, en las paredes; vitrinas con bisutería; aquí y allá, grupos de camisas de hombres colgadas de sus perchas; artículos de papelería; carteles de películas; DVD y discos de vinilo; y finalmente un mostrador en el que se servía té y otro, cerca de un largo banco, en el que estaban sentados varios clientes, casi todos muy jóvenes y completamente absortos en sus *tablets*. Notable silencio alrededor. Seguramente alguien debía pasar también por caja, porque la librería pertenecía a una de las principales cadenas del país y se puede suponer que era rentable. Por un instante pensé: así serán probablemente las librerías en un futuro no muy lejano. Después me dije: no necesariamente. En un país como Italia, una solución de este tipo se encontraría con no pocas complicaciones, entre otras cosas por la dificultad de disponer de espacios de semejante amplitud. En segundo lugar (y este es el punto determinante): un lector no tiene por fuerza la necesidad de tal mezcolanza de mercancías. Los libros son seres autosuficientes, no requieren que haya nada a su lado –como máximo, una taza de té o de café–. Se me hace difícil atribuir a una casualidad el hecho de que cada vez que veo que una librería amplía el número de artículos a la venta, simultáneamente la calidad de los libros decrece. El verdadero lector no necesita mucho: un poco de gusto en la decoración y en las luces es suficiente. Además, claro, de la posibilidad de pasar un rato confortable, dedicándose a esa actividad deliciosa que los ingleses llaman *browsing*. Lo importante es que pueda encontrar fácilmente los libros que venía a buscar y descubrir aquellos que no sabía que estaba buscando. Y, también, que todo esto suceda en un lugar adecuado, sin música de fondo (dado que hoy cada uno puede escuchar lo que quiera en sus dispositivos, sin molestar al prójimo). Así se podrá reconocer, hoy como ayer, la *buena librería*. Si esto no es suficiente, querrá decir que el libro en sí ya no es suficiente. Y si el libro ya no es suficiente, entonces el mundo está escribiendo otra de las páginas oscuras de su historia.

Nota

«Cómo ordenar una biblioteca» fue publicado en una edición no venal por la editorial Adelphi, en diciembre de 2018.

«Los años de las revistas» es inédito.

«Nacimiento de la reseña» fue publicado en el *Corriere della Sera* el 19 de julio de 2016.

«Cómo ordenar una librería»: discurso pronunciado por invitación de la Fondazione Cini de Venecia, el 25 de enero de 2019, en la Escuela para libreros Umberto y Elisabetta Mauri; parcialmente publicado en el *Corriere della Sera* el 21 de enero de 2019.

Índice